INDRANI ROYCHOUDHURY & ROBI BANERJEE

KOCHEN WIE IN
INDIEN

INDRANI ROYCHOUDHURY & ROBI BANERJEE

KOCHEN WIE IN INDIEN

ZU AUSGEWÄHLTEN REZEPTEN GIBT'S EINEN QR-CODE: ABSCANNEN UND INDRANI UND ROBI BEIM KOCHEN ZUSEHEN!

GEWÜRZE IM BLUT

Schon bei meinem ersten Treffen mit Indrani war klar, dass eine unserer wichtigsten Gemeinsamkeiten die Leidenschaft für gutes Essen ist. Die indische Küche liegt Indrani im Blut. Ihr Großvater betrieb früher ein Restaurant und einen Süßwarenladen in Kolkata, vormals Kalkutta. Ihre Großmutter brachte ihr die bunte Obst- und Gemüsevielfalt des Landes auf den Basaren der Millionenstadt bei. Von ihrer Mutter lernte sie die Alchemie der Gewürze und von ihrem Vater erbte sie das geheime Rezept seines legendären Lammcurrys.

Meine kulinarischen Anfänge gingen in eine ganz andere Richtung. Durch meine deutsche Mutter und Großmutter fand ich früh Freude am Backen. Indische Gerichte kamen eher selten auf den Tisch, wenn mein Vater am Wochenende Zeit hatte oder wir zu Besuch bei Verwandten in Indien waren. Durch Indrani wurde schnell mein innerer Bengale geweckt und wir begannen gemeinsam die vielfältige Küche Indiens zu erforschen. Wir haben so viel Spaß, diese Traditionen zu erkunden, dass wir unseren YouTube Channel »Lucky Recipes« gestartet haben, um auch anderen Foodies indische Rezepte und ihre Geschichte näher zu bringen.

Durch die vielfältigen Klimazonen, die zahlreichen Religionen und die kulturellen Einflüsse, die von Südostasien über den mittleren Osten bis nach Europa reichen, haben sich unzählige Esskulturen entwickelt. Der Schlüssel zum authentischen Geschmack sind die vielfältigen Gewürze und ihre richtige Verwendung. Wie und womit man in der indischen Küche würzt, erfahrt ihr in diesem Buch. Lagert ihr eure Gewürze dunkel in einer verschlossenen Dose, habt ihr lange Freude daran. Lasst euch also von der Fülle der verschiedenen Gewürze nicht ins Bockshorn jagen, sondern kocht lieber damit.

Robi Banerjee und Indrani Roychoudhury

INDIEN-BUCKET-LIST

- **TAJ MAHAL, DAS MONUMENT DER LIEBE:** Am romantischsten ist ein Besuch bei Vollmond!
- **MASALA DOSA ZUM FRÜHSTÜCK:** Der perfekte Start in den Tag mit einem herzhaften Pfannkuchen.
- **DIWALI, HOLI, DURGA PUJA & CO. FEIERN:** In Indien folgt Fest auf Fest – das sollte man sich auf keinen Fall entgehen lassen.
- **ZUGFAHREN DURCH INDIEN:** Man wird es lieben oder hassen. Aber definitiv nie vergessen!
- **EIN AYURVEDA-RETREAT BESUCHEN:** Massagen, Yoga, Essen, Anwendungen mit Kräuterölen – danach fühlt man sich garantiert wie neugeboren.

FÜR IMMER AUF DER SUCHE

LÄNDERQUICKIE

Wer Indien seine Geheimnisse entlocken will, hat sich einer gewaltigen Lebensaufgabe verschrieben. Es gibt uralte Kulturen, unberührte Natur, hunderte Sprachen, tausende Gewürze und mehr als eine Milliarde Menschen. Egal, wie sehr man sich bemüht, man wird nie alle Mysterien des indischen Subkontinents lüften können. Doch gerade diese bittersüße Erkenntnis zieht so viele in den Bann Indiens.

Der Verkehr in Indien wirkt chaotisch, hat aber System.

Den typischen Schaum an der Oberfläche erhält man nur, wenn der Tee von weit oben eingeschenkt wird.

1 Honk, honk, honk. In Indien setzt man keinen Blinker, man hupt. Also Ohren auf beim Autofahren.

2 Sie sind groß, gelb und unkaputtbar. Die chrombeplankten Ambassadors sind, laut BBC, die robustesten Taxis der Welt.

3 Mukhwas statt Kaugummi: Nach dem Essen gibt es oft Fenchelsaat mit Kandiszucker. Für frischen Atem und gute Verdauung.

4 Die Mango ist die Königin der Früchte. Von April bis Juni gibt es Hunderte verschiedene Sorten, alle mit einem einzigartigen Aroma.

5 Guest is God. Gastfreundschaft ist ein religiöses Gebot. Unser Tipp: Vor dem Besuch bei indischen Freunden einen Tag fasten – ihr werdet Berge zu essen bekommen!

DIE TOP-5-ZUTATEN

HELDEN DER INDISCHEN KÜCHE

Top 1: Kurkuma

Kurkuma ist seit über 4000 Jahren tief in der indischen Kultur verwurzelt. Ob als Arznei, Färbemittel oder Gewürz: etwas Gelbpuder findet sich in fast jedem Gericht. Nicht primär wegen des Geschmacks, sondern aufgrund seiner kräftigen Farbe und antibakteriellen Wirkung. Schmeckt Kurkuma im Gericht hervor, hat man schon zu hoch dosiert.

Top 2: Masala

Unter Masalas versteht man die Gewürzmischungen Indiens. Jede Region, ja jede Familie hat ihre eigenen Kreationen. Manche Zusammenstellungen sind minimalistisch mit nur zwei oder drei Gewürzen. Andere haben zehn Bestandteile und mehr. So entsteht ein ganzes Universum aus Farben, Düften und Aromen, das auf seine Entdeckung wartet.

Top 3: Chilis

Chilischoten haben in Indien unzählige kulinarische Anwendungsmöglichkeiten. Grüne Chilis geben Gerichten einen frischen Geschmack. Getrocknete rote Chilis entfalten in heißem Öl herrliche Röstaromen. Und Kashmiri-Chilipulver verleiht Currys eine satte rote Farbe. Ach ja, und schärfen kann man mit ihnen auch.

Top 4: Ghee

In Indien kommen je nach Region gern Kokosöl, Senföl, Sesamöl und Erdnussöl zum Einsatz. Aber Ghee, geklärtes Butterschmalz, findet sich in jedem Vorratsschrank von Mumbai bis Kolkata. Seine lange Haltbarkeit, der hohe Rauchpunkt und der samtige Geschmack machen es unverzichtbar für viele Gerichte.

Top 5: Dal

Der Speiseplan der meisten Inder ist nicht komplett, wenn nicht mehrmals die Woche Dal in verschiedenen Variationen auf den Tisch kommt. Entsprechend fantasievoll und facettenreich werden Hülsenfrüchte und Linsen zubereitet. Neben Eintöpfen und Suppen gibt es auch Brote aus Linsen und gewürzte Linsensnacks, die man gerne wie Chips isst.

Indien ist ein unfassbar riesiges Land. Auf über drei Millionen Quadratkilometern beheimatet der Subkontinent sechs Klimazonen. Von brennenden Wüsten über eisige Höhen bis zu tropischen Regenwäldern. Diese Vielfalt spiegelt sich in den zahlreichen regionalen Kochkulturen wider. Doch allen Unterschieden zum Trotz dürfen diese fünf Zutaten in keinem indischen Haushalt fehlen.

1
2
4
3
5

BASICS & STREETFOOD

Ein schönes Haus steht auf einem soliden Fundament. Das gilt auch für die indische Küche. Mit den folgenden Grundrezepten seid ihr auch für ausgeklügelte Gerichte gut vorbereitet. Und Streetfood-Hits wie Pakoras und Samosas machen Lust auf mehr.

BASMATI-REIS

बासमती चावल

Für 4 Portionen
Zubereitung: ca. 20 Min.
Einweichzeit: ca. 30 Min.
Pro Portion ca. 210 kcal

240 g Basmati-Reis
420 ml Wasser (bzw. nach Packungsangabe)

1 Den Reis in einen Topf füllen. So viel kaltes Wasser dazugießen, bis der Reis ganz davon bedeckt ist. Mit der Hand umrühren und die Reiskörner behutsam zwischen den Fingern reiben. Den Reis in ein Sieb abgießen, sobald sich das Wasser milchig verfärbt. Den Reis zurück in den Topf geben und erneut mit kaltem Wasser bedecken. Vorgang noch 2-mal wiederholen, bis das Wasser klar bleibt.

2 Den Reis 30 Min. in 420 ml kaltem Wasser einweichen. Deckel auflegen und einmal aufkochen lassen. Reis bei mittlerer Hitze ca. 2 Min. köcheln lassen, bis Schaum aufsteigt. Bei Bedarf ein Küchentuch zwischen Topf und Deckel klemmen, damit kein Dampf entweicht.

3 Die Hitze reduzieren und den Reis zugedeckt bei kleiner Hitze 10 Min. quellen lassen. Währenddessen nicht umrühren. Den Topf vom Herd nehmen. Den Reis mit einer Gabel behutsam auflockern und noch 2 Min. offen stehen lassen.

Tipp Für eine aromatische Variante geben Sie vor dem Kochen 2 eingeritzte Kardamomkapseln und 3 Nelken dazu.

PANEER

पनीर

ZUM VIDEO

Für ca. 250 g Paneer
Zubereitung: 25 Min.
Abtropfzeit: 45 Min.
Presszeit: 3 Std.
Pro Portion ca. 340 kcal

1 Zitrone
2 l Milch (3,8 % Fett)

AUSSERDEM
Passiertuch

1 Die Zitrone halbieren, den Saft auspressen und beiseitestellen. Ein Sieb mit einem sauberen Passiertuch auslegen und über eine Schüssel hängen. Die Milch in einem Topf zum Kochen bringen. Mit einem Kochspatel umrühren und über den Topfboden fahren, damit die Milch nicht anbrennt.

2 Sobald die Milch anfängt zu kochen, den Topf vom Herd nehmen und den Zitronensaft langsam einrühren. Den Topf zurück auf den ausgeschalteten Herd stellen. Die Milch vorsichtig weiterrühren, bis sie komplett geronnen ist. Die ausgeflockte Milch durch das Sieb gießen. Die Molke in der Schüssel auffangen. Die Milchmasse im Sieb kalt abbrausen.

3 Das Passiertuch über der Milchmasse zusammendrehen und die Flüssigkeit auspressen. Zurück ins Sieb legen und ca. 45 Min. abtropfen lassen. Die Konsistenz ist richtig, wenn der Käse noch etwas feucht ist, sich pressen lässt und seine Form behält.

4 Paneer in ein Rechteck von ca. 1,5 cm Höhe pressen und in ein trockenes Küchentuch wickeln. Auf eine flache Unterlage legen, mit einem Gewicht (z. B. Schneidebrett und Konservendosen) gleichmäßig beschweren und ca. 3 Std. pressen.

5 Fertigen Paneer nach Bedarf weiterverarbeiten oder in einer Vorratsdose im Kühlschrank lagern. Innerhalb von 1 Woche verbrauchen.

GHEE

घी

ZUM VIDEO

Ghee genießt in der indischen Küche und im Ayurveda einen hohen Stellenwert als reines, vielseitiges Lebensmittel. Für die Herstellung gilt: Je besser die Butter, die man als Grundlage nimmt, desto potenter das Ghee. Wir verwenden gern Bio-Butter von Weidekühen.

Für 2 Schraubgläser (à 400 g)
Zubereitung: 45 Min.
Pro Portion à 25 g ca. 190 kcal

4 Packungen ungesalzene Butter (à 250 g)

....

Info Ghee hat bei Zimmertemperatur eine halbfeste Konsistenz und weist kleine Granulate auf. Das ist ganz normal. Sie verschwinden, sobald das Ghee erhitzt wird. Ghee muss nicht im Kühlschrank gelagert werden. Allerdings muss man es vor Feuchtigkeit schützen. Außerdem sollten keine Gheereste über längere Zeit am Glasrand kleben. Wird das beherzigt, ist das Ghee weit über 3 Monate haltbar.

1 Die Butter in einem Topf bei mittlerer Hitze zerlassen. Sobald die Butter zu schäumen beginnt, die Hitze reduzieren und den Schaum ohne umzurühren abschöpfen. Die Butter bei kleiner Hitze weiterköcheln lassen, bis sie klar und goldgelb ist. Der entstandene Bodensatz sollte höchstens leicht braun werden.

2 Ein feines Sieb mit Küchenpapier auslegen und über eine Schüssel hängen. Das Ghee zum Klären langsam durch das Sieb gießen.

3 Das warme Ghee in saubere Schraubgläser umfüllen. Vollständig erkalten lassen und dann mit dem Deckel verschließen. Ghee trocken lagern und nur mit einem sauberen, trockenen Löffel entnehmen.

INGWER-KNOBLAUCH-PASTE

अदरक लहसुन का पेस्ट

Für 1 Schraubglas (à 200 g)
Zubereitung: 10 Min.
Pro Portion à 25 g ca. 60 kcal

100 g Knoblauch
100 g Ingwer
4 EL neutrales Pflanzenöl
1 EL Essig

1 Den Knoblauch schälen und grob zerteilen. Ingwer heiß abwaschen und mit der Kante eines Teelöffels die Außenhaut abschaben. Ingwer in grobe Stücke schneiden.

2 Ingwer, Knoblauch und 1 EL Wasser mit dem Blitzhacker oder mit dem Pürierstab zu einer Paste pürieren. Für kleinere Mengen eignet sich auch eine feine Reibe.

3 Fertige Paste mit 2 EL ÖL und dem Essig vermengen. In ein sauberes Schraubglas füllen. Die Oberfläche mit übrigem Öl bedecken. Die Paste hält sich ca. 10 Tage im Kühlschrank. Eine leicht grünliche Verfärbung ist normal und hat keinen Einfluss auf den Geschmack.

Tipp Größere Mengen lassen sich ohne Öl und Essig in einer Eiswürfelform einfrieren. Bei Bedarf die gewünschte Menge auftauen. Bleibt ca. 2 Monate lang aromatisch.

GARAM MASALA

गरम मसाला

Für 1 Schraubglas (à 30 g)
Zubereitung: 10 Min.
Pro Portion à 5 g ca. 40 kcal

2 EL grüne Kardamomkapseln
1 Stange Cassia-Zimt (ca. 10 cm lang)
½ EL Nelken
1 EL schwarze Pfefferkörner
1 EL Koriandersamen
1 EL Kreuzkümmelsamen

AUSSERDEM
Mörser oder Gewürzmühle

1 Die Kardamomkapseln aufbrechen und die Kerne herausholen. Bei Verwendung einer Gewürzmühle kann die Kapsel samt Schale gemahlen werden. Die Zimtstange in kleine Stücke brechen. Eine Pfanne bei mittlerer Hitze heiß werden lassen.

2 Alle Gewürze in die Pfanne geben und darin ohne Fett ca. 2 Min rösten, bis sie aromatisch zu duften beginnen. Hin und wieder mit einem Pfannenwender umrühren.

3 Die Gewürze auf einem Teller abkühlen lassen. In einer Gewürzmühle oder einem schweren Mörser zu Pulver mahlen. Bei Bedarf das Pulver durch ein feines Sieb streichen.

4 Die Gewürzmischung in ein sauberes, getöntes Schraubglas füllen, den Deckel aufschrauben und an einem trockenen Ort lagern. Garam Masala innerhalb von 4 Monaten verbrauchen.

Tipp Eine gekaufte Garam-Masala-Mischung sollte weder Kurkuma noch Chilipulver enthalten und nicht hauptsächlich aus Koriander bestehen.

SAMOSA AUS DEM OFEN

ओवन का समोसा

Das erste Rezept, das Robi von seinem Vater gelernt hat. Samosas stammen eigentlich aus dem Mittleren Osten und haben sich durch kulturellen Austausch in der ganzen Welt verbreitet.

Für 4 Portionen
Zubereitung: 1 Std.
Abkühlzeit: 1 Std.
Backzeit: 15 Min.
Pro Portion ca. 550 kcal

4 mehligkochende Kartoffeln
1 Zwiebel
1 Stück Ingwer (ca. 4 cm lang)
10 g Koriandergrün
1 grüne Chilischote
½ TL Koriandersamen
1 gestr. TL Kreuzkümmelsamen
3 EL Ghee
½ TL Cayennepfeffer
½ TL gemahlene Kurkuma
50 g TK-Erbsen
Salz
1 EL Limettensaft
länglicher Yufkateig
(türkischer Laden)

....

Tipp Die Schärfe von Chilis liegt in ihren Kernen. Für mildere Samosas die Chilikerne entfernen.

1 Die Kartoffeln garen, pellen und mit einer Gabel grob zerdrücken. Die Zwiebel schälen und hacken. Den Ingwer schälen. Koriandergrün waschen und trocken schütteln. Chili waschen. Für weniger Schärfe längs halbieren, Stiele, Trennwände und Kerne entfernen. Ingwer, Koriandergrün und Chili fein hacken.

2 Koriandersamen grob mit dem Mörser zerstoßen. Eine kleine Pfanne ohne Öl erhitzen und darin Koriander- und Kreuzkümmelsamen 2 Min. anrösten. Beiseitestellen.

3 Ghee in einer Pfanne erhitzen und Zwiebeln darin glasig anbraten. Ingwer dazugeben und 1 Min. mitbraten. Koriander- und Kreuzkümmelsamen unterrühren. Kartoffeln, Cayennepfeffer und Kurkuma dazugeben und 4 Min. weiterbraten. Erbsen, Koriandergrün und Chili unterheben und 1 weitere Min. braten. Mit 1 TL Salz und Limettensaft würzen. Die Füllung 1 Std. abkühlen lassen.

4 3 Yufkateigblätter dünn mit Öl bestreichen und übereinanderlegen. 1 Schälchen mit Wasser bereitstellen. Teig quer in 10 cm breite Streifen schneiden und mit Ghee bestreichen. 20 g Füllung in die obere linke Ecke des ersten Teigstreifens legen. Die Ecke mit der Füllung mit Wasser befeuchten und über die lange Seite umklappen. Vorgang noch einmal wiederholen, damit sich ein schönes Dreieck bildet. Überschüssigen Teig abschneiden. Die übrigen Teigstreifen auf die gleiche Weise füllen und zu Dreiecken falten.

5 Backofen auf 200° (Umluft) vorheizen. Ein Backblech mit Backpapier auslegen, die Samosas darauf verteilen und mit Ghee bestreichen. Im Ofen (Mitte) in ca. 15 Min. goldgelb backen. Nach der Hälfte der Zeit wenden und erneut mit Ghee bestreichen. Noch heiß mit Chutney oder Chai servieren.

GEMÜSE-PAKORA

पकोड़ा

Alle Inder lieben ihre frittierten Snacks, die Bhajis. Ob als schnelles Streetfood oder als kleines Häppchen zur Teatime: Pakoras sind der Hit – besonders an verregneten Tagen während des Monsuns.

Für 4 Portionen
(ergibt 22–24 Stück)
Zubereitung: 40 Min.
Pro Portion ca. 165 kcal

2 Möhren
2 Kartoffeln
½ Zucchino
2 Knoblauchzehen
1 Stück Ingwer (ca. 2,5 cm lang)
4 Stängel Minze
90 g Frühlingszwiebeln
2 grüne Chilischoten
½ TL schwarze Pfefferkörner
½ TL Koriandersamen
Salz
½ TL gemahlene Kurkuma
½ TL gemahlener Kreuzkümmel
⅓ TL Ajwain (ersatzweise Thymian; indischer Laden)
75 g Kichererbsenmehl
25 g Reismehl (ersatzweise Maisstärke)
1 gestr. TL Backpulver
2 EL Limettensaft
Öl zum Frittieren

1 Das Gemüse waschen und putzen. Möhren und Kartoffeln schälen und mit dem Zucchino grob reiben. Knoblauch und Ingwer schälen und fein hacken. Minze waschen, trocken schütteln, die Blättchen abzupfen und mit Frühlingszwiebeln und Chili fein hacken. Pfeffer und Koriandersamen grob im Mörser zerstoßen.

2 Möhren, Kartoffeln und Zucchino in eine Schüssel geben, mit 1 TL Salz vermengen und ca. 10 Min. ruhen lassen, bis das Gemüse Wasser zieht. Wasser nicht wegschütten, es wird für den Teig benötigt.

3 Gewürze, Chili und Minze hinzufügen. Kichererbsen- und Reismehl sowie Backpulver in die Schüssel sieben. Mit Limettensaft zu einem dicken Teig rühren. Bei Bedarf 1–2 EL Wasser untermengen.

4 Einen Teller mit Küchenpapier auslegen. Öl in einem Topf auf 175° erhitzen. Den Stiel eines Holzlöffels ins heiße Öl halten, um die Temperatur zu prüfen: Bilden sich deutliche Bläschen, ist das Öl heiß genug.

5 Mit zwei Esslöffeln kleine Taler formen und in das Öl gleiten lassen. Nicht zu viele Pakora gleichzeitig frittieren, damit das Öl nicht abkühlt. Pakora in ca. 4–5 Min. goldbraun ausbacken. Mit einer Schaumkelle aus dem Öl heben und auf Küchenpapier entfetten. Heiß mit Chutney und Chai servieren.

MASALA-CHEESE-SANDWICH

मसाला सैंडविच

Dieses Rezept ist eine Hommage an die würzigen Sandwiches von Robis Tante. Jeden Morgen gab es die fein gefüllten Dreiecke, zubereitet in einem Sandwich-Maker aus Gusseisen, der direkt auf die Flamme des Gasherds gelegt wurde. Ein leckerer Start in den Tag.

Für 4 Portionen
Zubereitung: 45 Min.
Pro Portion ca. 780 kcal

FÜR DAS SANDWICH

8 kleine Scheiben Toast
16 Scheiben Emmentaler

FÜR DIE FÜLLUNG

1 mehligkochende Kartoffel (150 g)
½ rote Paprika
1 Frühlingszwiebel
½ Tomate
2 grüne Chilischoten
4 Stängel Koriandergrün
½ TL Kala Namak (indischer Laden)
1 TL Granatapfelpulver (indischer Laden)
⅓ TL Ajwain (ersatzweise Thymian; indischer Laden)
1 TL Pfeffer
Salz

FÜR DIE MASALA-BUTTER

1 Knoblauchzehe
½ TL edelsüßes Paprikapulver
½ TL gemahlener Koriander
½ TL gemahlener Kreuzkümmel
Salz
½ TL Tomatenmark
80 g weiche Butter

1 Die Kartoffel garen, pellen und zerstampfen. Für die Masala-Butter den Knoblauch schälen und fein hacken. Mit den restlichen Gewürzen, Salz, Tomatenmark und der Butter mischen und pürieren.

2 Für die Füllung die Paprika waschen, weiße Trennwände und Kerne entfernen und in feine kleine Würfel schneiden. Frühlingszwiebel waschen, putzen und in Ringe schneiden. Tomate waschen, Stielansatz entfernen und fein hacken. Chilis waschen. Für weniger Schärfe längs halbieren und Stiele, Trennwände und Kerne entfernen. In Ringe schneiden. Koriandergrün waschen, trocken schütteln und fein hacken.

3 Paprika, Frühlingszwiebeln, Tomate, grüne Chilis und Koriandergrün unter die zerstampfte Kartoffel heben. Die Füllung mit Kala Namak, Granatapfelpulver, Ajwain, Pfeffer und Salz abschmecken.

4 Toastscheiben außen mit Masala-Butter bestreichen. Innen mit 1 Käsescheibe belegen, Kartoffelfüllung darauf verteilen. Auf die Füllung wieder 1 Käsescheibe legen und mit 1 Toastscheibe abschließen.

5 Die Sandwiches in einem Sandwich-Maker goldbraun toasten. Alternativ eine Pfanne ohne Öl erhitzen. 2 Sandwiches hineinlegen und mit einem Pfannenheber andrücken. Deckel auflegen und ca. 3 Min. bei mittlerer Hitze goldbraun braten. Sandwiches wenden und auch auf der anderen Seite knusprig braten. Mit den restlichen Sandwiches genauso verfahren. Fertige Sandwiches in Dreiecke schneiden und mit Chutney servieren.

CHAAT – DES INDERS LIEBSTER SNACK

Streetfood-Culture: Die Snacks werden am Stand frisch zubereitet und zusammengemischt. Die kleinen Snack-Buden prägen das Straßenbild indischer Städte (rechts).

Essen ist allgegenwärtig in Indien. Egal wohin man sich dreht, man ist umgeben vom Geräusch brutzelnden Öls, dem Geruch frischer Zutaten und dem Geschrei fliegender Händler, die Streetfood in allen Varianten anbieten. In den Großstädten finden sich an den Straßenecken unzählige Buden, sogenannte Dhabas, die umringt sind von Arbeitern und Scharen von Schulkindern.

Mit großer Wahrscheinlichkeit wird in einer dieser Hütten Chaat zubereitet, eines der beliebtesten Streetfoods Indiens. Die Basis bildet meist ein frittierter Snack wie Samosas, Puris oder Tikkis mit einer Füllung aus Kartoffeln und Kichererbsen. Eine Kombination aus mildem Joghurt versetzt mit leicht schwefeligem Kala Namak, süß-saurem Tamarinden- und würzig-frischem Minzchutney sorgt für die charakteristische Geschmackspalette. Abgerundet wird das leckere Spektakel durch frische rote Zwiebeln, Koriander, Granatapfel und Sev, frittierten und gewürzten Nudeln.

Bei Chaat kann man die Geschmacksexplosion nicht nur schmecken und riechen – man kann sie sogar sehen! In diesem Buch stellen wir unsere eigene Kreation vor, ein Nacho Chaat mit würzigen Nachos, Granatapfelkernen und frischer Minze, das mit Sicherheit der Hit auf eurer nächsten Party wird.

पानी पुरी
सेन्टर
पानी पुरी
पानी पुरी
सेन्टर
किये जाते है।
भैरूनाथ
पानी पुरी सेन्टर

NACHO CHAAT

नाचो चाट

Für 4 Portionen
Zubereitung: 20 Min.
Kochzeit: 20 Min.
Pro Portion ca. 305 kcal

200 g mehligkochende Kartoffeln
100 g Kichererbsen (Dose)
Salz
½ TL gemahlener Koriander
½ TL Kashmiri-Chilipulver (indischer Laden)
2 EL Limettensaft
100 g Nachos
2 Stängel Minze
2 grüne Chilischoten
50 g Granatapfelkerne
100 g Tamarinden-Chutney

FÜR DIE JOGHURTSAUCE

200 g Joghurt (3,5 % Fett)
½ gestr. TL Kala Namak (indischer Laden)
3 EL Rohrohrzucker
Salz

1 Die Kartoffeln waschen, schälen und in kochendem Salzwasser in ca. 20 Min. weich garen. Abgießen, klein schneiden und stampfen. Kichererbsen, 1 TL Salz, Koriander und Chilipulver sowie Limettensaft unterheben.

2 Für die Sauce den Joghurt zusammen mit Kala Namak, Zucker und ½ TL Salz anrühren. 5 Min. stehen lassen und dann kräftig durchrühren, bis sich die Zuckerkristalle komplett aufgelöst haben.

3 Für die Garnitur die Minze waschen, trocken schütteln und fein hacken. Chilis waschen. Für weniger Schärfe längs halbieren, Stiele, Trennwände und Kerne entfernen und fein hacken. Granatapfelkerne bereitstellen.

4 In einem tiefen Teller die Nachos anrichten. Die Kartoffel-Kichererbsen-Masse darauf verteilen. Die Joghurtsauce und das Tamarinden-Chutney großzügig über die Masse träufeln. Mit Minze, Chili und Granatapfelkernen bestreuen.

Tipp Für noch mehr Abwechslung kann man mit unterschiedlich gewürzten Nacho- und Chipssorten experimentieren.

SPICY CHICKEN WINGS

मसालेदार चिकन पंख

Für 4 Portionen
Zubereitung: 25 Min.
Marinierzeit: 3 Std.
Backzeit: 35 Min.
Pro Portion ca. 385 kcal

12 Hähnchenflügel

FÜR DIE MARINADE

1 TL Fenchelsamen
1 TL grüner Pfeffer (nach Belieben)
1 TL Kreuzkümmelsamen
1 TL Koriandersamen
1 Stück Ingwer (ca. 2,5 cm lang)
3 grüne Chilischoten
50 g Minze
50 g Koriandergrün
50 g Frühlingszwiebeln
2 EL Limettensaft
1 TL Speisestärke
2 EL helles Jaggery (nicht-raffinierter Zucker; ersatzweise Rohrohrzucker)
1 TL Salz
3 EL Rapsöl

1 Die Hähnchenflügel trocken tupfen. Die Gewürze in einem Mörser zerstoßen. Ingwer mit einem Löffel abschaben und grob hacken. Die Chilis waschen. Für weniger Schärfe längs halbieren, Stiele, Trennwände und Kerne entfernen und fein hacken.

2 Alle weiteren frischen Zutaten waschen, putzen, grob hacken und dann mit allen anderen Zutaten im Blitzhacker zu einer feinen Paste verarbeiten. Eventuell 2–3 EL Wasser hinzufügen, wenn die Paste zu fest ist. Danach die Paste in eine große Schüssel umfüllen.

3 Hähnchenflügel ein paar Mal schräg einritzen und in die Marinade einlegen. 3 Std. im Kühlschrank marinieren.

4 Den Backofen auf 200° vorheizen. Die Hähnchenflügel auf einem Grillrost verteilen. Ein Backblech mit Alufolie auslegen und darunterschieben. Im heißen Ofen (Mitte) 30 Min. backen. Danach 5 Min. bei 220° grillen, bis die Flügel sich an manchen Stellen leicht dunkel färben. Chicken Wings mit einem Chutney servieren.

....

Tipp Für eine Sauce übrige Marinade in Öl anbraten, mit Sahne ablöschen und mit Joghurt verfeinern.

MANGO-INGWER-PANEER

आम अदरक का पनीर

Traditionell ist Paneer ungewürzt, da er wie ein Schwamm den Geschmack von Currys aufsaugt. Doch im modernen Indien trifft man immer wieder auf neue Interpretationen. Hier ist unsere Version.

Für 4 Portionen
Zubereitung: 25 Min.
Abtropfzeit: 45 Min.
Presszeit: 3 Std.
Pro Portion ca. 445 kcal

1 Zitrone
2 l Milch (3,8 % Fett)
40 g kandierter Ingwer
40 g getrocknete Mango
1 gestr. TL getrockneter Thymian
1 TL getrocknete Minze
½ TL Pfeffer
Salz
2 EL Rapsöl

AUSSERDEM
Passiertuch

....

Info Wird der Paneer zu fest und zu lange gepresst, tritt zu viel Flüssigkeit aus und es besteht die Gefahr, dass er zäh wird.

1 Die Zitrone halbieren, Saft auspressen und beiseitestellen. Ein Sieb mit einem sauberen Passiertuch auslegen und über eine Schüssel hängen. Die Milch zum Kochen bringen. Mit einem Kochspatel umrühren und über den Topfboden fahren, damit nichts anbrennt.

2 Sobald die Milch anfängt zu kochen, den Topf vom Herd nehmen und den Zitronensaft langsam einrühren. Den Topf zurück auf die ausgeschaltete Herdplatte stellen. Die Milch vorsichtig weiterrühren, bis sie komplett geronnen ist. Die ausgeflockte Milch durch das Sieb gießen. Die Molke in der Schüssel auffangen. Die Milchmasse im Sieb kalt abbrausen.

3 Das Passiertuch über der Milchmasse zusammendrehen und die Flüssigkeit auspressen. Zurück ins Sieb legen und ca. 45 Min. abtropfen lassen. Die Konsistenz ist richtig, wenn der Käse noch etwas feucht ist, sich pressen lässt und seine Form behält.

4 Inzwischen Ingwer und Mango fein schneiden. Abgetropfte Paneermasse in eine Schüssel geben. Mango, Ingwer, Thymian, Minze, Pfeffer und 1 TL Salz unter die Paneermasse kneten.

5 Paneer in ein Rechteck von ca. 1,5 cm Höhe pressen und in ein trockenes Küchentuch wickeln. Auf eine flache Unterlage legen, mit einem Gewicht (z. B. Schneidebrett und Konservendosen) gleichmäßig beschweren und ca. 3 Std. pressen.

6 Den fertigen Paneer in mundgerechte Stücke schneiden. Das Öl in einer beschichteten Pfanne erhitzen und Paneerstücke darin von beiden Seiten bei mittlerer Hitze 1–2 Min. goldgelb braten. Warmen Paneer mit Minz- oder Mango-Chutney servieren.

SCHARFER CHILI-PANEER

मिर्च का पनीर

Für 4 Portionen
Zubereitung: 30 Min.
Pro Portion ca. 495 kcal

1 kleine grüne Paprika
400 g Paneer (indischer Laden)
1 rote Zwiebel
1 Stück Ingwer (ca. 4 cm lang)
3 Knoblauchzehen
1 Frühlingszwiebel
2 rote Chilischoten
4 grüne Chilischoten
4 EL Rapsöl
1 EL Sambal Olek
2 EL helle Sojasauce
½ TL Speisestärke
1 EL Rohrohrzucker
1 TL gerösteter weißer Sesam (nach Belieben)

1 Die Paprika waschen, halbieren und weiße Trennwände und Kerne entfernen. Paprika und Paneer in ca. 2,5 cm große Würfel schneiden. Die Zwiebel schälen, achteln und in einzelne Schichten aufbrechen. Ingwer und Knoblauch schälen und fein hacken. Die Frühlingszwiebel waschen und putzen. Chilis waschen. Rote Chilis, die Hälfte der grünen Chilis und das Weiß der Frühlingszwiebel fein hacken. Das Grün der Frühlingszwiebel und die restlichen grünen Chilis in grobe Stücke schneiden.

2 2 EL Öl in einer beschichteten Pfanne erhitzen. Paneer darin von allen Seiten bei mittlerer Hitze in 3–4 Min. knusprig anbraten. Paneer herausnehmen und beiseitestellen.

3 Erneut 2 EL Öl in die Pfanne geben. Die fein gehackten Chilis, Knoblauch, Ingwer und Frühlingszwiebel darin ca. 1 Min. anbraten. Das Grün der Frühlingszwiebeln, die grob gehackten Chilis und die Zwiebeln hinzufügen und weitere 30 Sek. braten. Paneer, Sambal Olek und Sojasauce hinzufügen und 1 Min. köcheln lassen.

4 Speisestärke mit 75 ml Wasser anrühren und in die Pfanne geben. Zucker einrühren und die Sauce aufkochen lassen, bis sie andickt. Nach Belieben mit Sesam bestreuen. Dieses Gericht wird gerne als Vorspeise serviert.

GURKEN-RAITA

ककड़ी रायता

Für 4 Portionen
Zubereitung: 10 Min.
Ziehzeit: 15 Min.
Pro Portion ca. 185 kcal

1 große Bio-Gurke
Salz
4 Stängel Minze
½ TL schwarze Pfefferkörner
300 g griechischer Joghurt (10 % Fett)
75 g kräftiger Joghurt (3,5 % Fett)
1 ½ EL Zucker
1 gestr. TL Kala Namak (indischer Laden)
2 EL Rapsöl
½ TL Kreuzkümmelsamen
⅓ TL Hing (Asafoetida; indischer Laden)

1 Die Gurke waschen, in dünne Scheiben schneiden oder hobeln und mit 1 Prise Salz bestreuen. 10 Min. stehen lassen, bis die Gurkenscheiben Wasser ziehen. Wasser abgießen.

2 Inzwischen die Minze waschen und trocken schütteln. Die Blättchen abzupfen und fein hacken. Pfefferkörner grob zerstoßen.

3 In einer Schüssel die beiden Joghurtsorten mit Zucker, Salz, Kala Namak und der gehackten Minze verrühren. 5 Min. ziehen lassen, die Gurkenscheiben unterheben.

4 Das Öl in einer kleinen Pfanne erhitzen. Pfeffer, Kreuzkümmelsamen und Hing darin bei mittlerer Hitze einige Sek. braten, bis sich ein schönes Aroma entfaltet. Heiß über das Raita gießen und unterheben. Das Raita vor dem Servieren 15 Min. durchziehen lassen. Passt besonders gut zu trockenen Gerichten wie Kababs oder Biryani und mildert jedes scharfe Curry.

Tipp Man kann die Gurken auch raspeln. Geraspelten Karotten oder Radieschen bringen Abwechslung.

MANGO-CHUTNEY

आम की चटनी

Für 1 Schraubglas (à 400 g)
Zubereitung: 20 Min.
Pro Portion à 25 g ca. 60 kcal

- 1 halbreife Mango
- 2 Knoblauchzehen
- ½ TL Koriandersamen
- 3 grüne Kardamomkapseln
- 4 EL Rapsöl
- 2 getrocknete rote Chilischoten
- 1 indisches Lorbeerblatt
- ½ TL Schwarzkümmelsamen
- Salz
- 2 gestr. TL gemahlener Ingwer
- ½ TL gemahlene Bockshornkleesamen (indischer Laden)
- 1 TL Kashmiri-Chilipulver (indischer Laden)
- 4 EL Rohrohrzucker
- frisch geriebene Muskatnuss

1 Die Mango schälen, das Fruchtfleisch vom Stein schneiden und 1 cm groß würfeln. Knoblauch schälen und fein hacken. Koriandersamen im Mörser grob zerstoßen. Kardamomkapseln leicht aufbrechen.

2 Das Öl in einem Topf erhitzen. Chilis, Kardamomkapseln, Lorbeerblatt und Schwarzkümmel darin ca. 40 Sek. braten, bis die Chilis leicht gebräunt sind. Koriandersamen und gehackten Knoblauch dazugeben und kurz mitbraten.

3 Die Mangowürfel, ½ TL Salz, Ingwer, Bockshornkleesamen und Kashmiri-Chilipulver dazugeben und 1 Min. braten. 100 ml Wasser und Zucker hinzufügen und 5 Min. einkochen lassen, bis das Chutney eindickt. Mit 1 Prise Muskat abschmecken. Heiß in ein sauberes Schraubglas füllen und verschließen. Im Kühlschrank gelagert ist das Chutney ca. 2 Wochen haltbar. Passt zu Samosa oder Fischküchlein.

Info Die roten getrockneten Chilis werden beim Anbraten nicht aufgebrochen. Sie geben dem Chutney ein feines Röstaroma.

TAMARINDEN-CHUTNEY

इमली की चटनी

Für 1 Schraubglas (à 200 g)
Zubereitung: 35 Min.
Pro Portion à 25 g ca. 80 kcal

50 g Sultaninen
1 kleine rote Zwiebel
1 Stück Ingwer (ca. 2 cm lang)
½ TL gemahlener Pfeffer
⅓ TL Cayennepfeffer
1 gestr. TL edelsüßes Paprikapulver
½ TL gemahlener Kreuzkümmel
2 EL Rapsöl
3 ½ EL Rohrohrzucker
75 g Tamarindenpaste (70 %) (Asienladen, Achtung kein Konzentrat!)
½ gestr. TL Kala Namak (indischer Laden)
Salz

1 Die Sultaninen in einer kleinen Schüssel mit 100 ml heißem Wasser 15 Min. einweichen.

2 Inzwischen die Zwiebel schälen und hacken. Den Ingwer grob mit einem Löffel abschaben und fein hacken.

3 Einen kleinen Topf ohne Öl erhitzen. Die gemahlenen Gewürze darin bei mittlerer Hitze 2 Min. rösten, bis sie aromatisch duften. Gewürze beiseitestellen.

4 Das Öl erhitzen. Zwiebeln mit ½ EL Zucker dazugeben und ca. 10 Min. braten, bis sie beginnen zu bräunen. Ingwer hinzufügen und ca. 1 Min. weiterbraten.

5 Den Topf vom Herd nehmen. Die Rosinen mit dem Einweichwasser und der Tamarindenpaste dazugeben und pürieren. Den Topf zurück auf den Herd stellen. Den restlichen Zucker hinzufügen. Das Chutney ca. 10 Min. unter ständigem Rühren einkochen, bis es eindickt und sich dunkelbraun färbt.

6 Die angerösteten Gewürze und Kala Namak unterrühren. Chutney mit ½ TL Salz abschmecken. Heiß in ein sauberes Schraubglas füllen und fest verschließen. Im Kühlschrank mindestens 4 Wochen haltbar.

MINZ-CHUTNEY

पुदीना की चटनी

Für 4 Portionen
Zubereitung: 10 Min.
Pro Portion ca. 30 kcal

100 g frische Minze
2 Knoblauchzehen
1 Schalotte
2 grüne Chilischoten
2 TL Sahnejoghurt (10 % Fett)
½ TL Salz
1 TL Zucker
1 EL Limettensaft

1 Die Minze waschen und trocken schütteln, harte Stiele entfernen. Den Knoblauch und die Schalotte schälen, Chilis waschen, längs halbieren, Stiele, Trennwände und Kerne entfernen.

2 Alles grob zerkleinern und mit dem Joghurt in eine Schüssel geben. Ca. 4 EL Wasser dazugeben und mit dem Pürierstab fein pürieren. Mit Salz, Zucker und Limettensaft abschmecken.

3 In eine Schale zum Servieren geben. Am gleichen Tag aufbrauchen. Passt gut zu Chaats, Kabab, frittierten Snacks und Tandoori Chicken.

Tipp Dieses Minz-Chutney ist ein Tausendsassa und passt nicht nur zu indischem Essen. Es verfeinert jedes Sandwich und eignet sich als Grillmarinade.

KNOBLAUCH-PICKLE

लहसुन का अचार

Für 4 Portionen
Zubereitung: 25 Min.
Ziehzeit: 1 Tag
Pro Portion ca. 220 kcal

50 g Knoblauch
25 g Ingwer
½ kleine Tomate
1 grüne Chilischote
8 EL kalt gepresstes Sesamöl
¼ TL Kreuzkümmelsamen
¼ TL schwarze Senfsamen
½ TL gemahlener Fenchel
⅓ TL gemahlene Bockshornkleesamen (indischer Laden)
¼ TL gemahlene Kurkuma
½ TL Kashmiri-Chilipulver (indischer Laden)
Salz
1 TL Zucker
2 EL Weißweinessig
⅓ TL Pfeffer

1 Knoblauch schälen und die Zehen der Länge nach 1- bis 2-mal durchschneiden, sodass sie ca. 1 cm groß sind. Ingwer schälen und grob hacken. Tomate waschen, Stielansatz entfernen und hacken. Grüne Chili waschen, halbieren und in feine Streifen schneiden.

2 Das Öl in einem Topf erhitzen. Kreuzkümmel- und Senfsamen darin einige Sekunden bei mittlerer Hitze braten, bis die Körner beginnen zu springen. Knoblauch hinzufügen und weitere 1–2 Min. braten. Ingwer, Tomate, Chili, Fenchel, Bockshornklee, Kurkuma und Kashmiri-Chilipulver hinzufügen. 1 Min. aufkochen. Bei kleiner Hitze weitere 10 Min. ohne Deckel köcheln lassen.

3 ⅓ TL Salz, Zucker und Essig hinzufügen. Mit Pfeffer abschmecken. Heiß in ein sauberes Schraubglas füllen. Vor dem Servieren 1 Tag durchziehen lassen. Hält sich mind. 4 Wochen im Kühlschrank. Passt sehr gut zu Dal.

Info Pickles sind ein würziger Begleiter zu zahlreichen Rezepten. 1–2 TL pro Portion reichen völlig.

FLEISCH & FISCH

Mogule, Briten, Chinesen, Portugiesen – gerade in den Fleischgerichten Indiens spiegeln sich die Einflüsse verschiedenster Kulturen, Länder und Religionen wider. Mit jedem Umblättern reist man von Epoche zu Epoche, von Region zu Region. Viel Spaß beim Entdecken!

BUTTER CHICKEN

मुर्ग़ मक्खनी

Für 4 Portionen
Zubereitung: 45 Min.
Marinierzeit: 3 Std.
Pro Portion ca. 655 kcal

800 g Hähnchenbrustfilet

FÜR DIE MARINADE

1 EL Ingwer-Knoblauch-Paste
3 EL Joghurt (3,5 % Fett)
½ TL Kashmiri-Chilipulver (indischer Laden)
½ TL gemahlene Kurkuma
Salz
2 ½ EL Rapsöl

FÜR DIE SAUCE

1 Zwiebel
3 grüne Kardamomkapseln
4 EL Rapsöl
1 Stange Cassia-Zimt (ca. 5 cm lang)
1 Dose stückige Tomaten (400 g)
1 EL Ingwer-Knoblauch-Paste
1 TL Kashmiri-Chilipulver (indischer Laden)
1 TL gemahlener Koriander
½ TL gemahlener Kreuzkümmel
½ TL gemahlene Kurkuma
Salz
1 TL Garam Masala
1 EL Kasuri Methi (indischer Laden)
80 g Sahne
100 g Butter
1 TL Zucker
1 EL Limettensaft

1 Das Fleisch trocken tupfen und in mundgerechte Stücke schneiden. Für die Marinade in einer großen Schüssel die Ingwer-Knoblauch-Paste gründlich mit dem Joghurt, Kashmiri-Chilipulver, Kurkuma, ½ TL Salz und ½ EL Öl verrühren. Das Fleisch darin wenden und 3 Std. zugedeckt im Kühlschrank ziehen lassen. 30 Min. vor der Zubereitung wieder aus dem Kühlschrank nehmen.

2 2 EL Öl in einer beschichteten Pfanne mit hohem Rand erhitzen und das Fleisch darin bei starker Hitze ca. 6 Min. scharf anbraten, bis es leicht gebräunt ist. Herausnehmen, den Bratensaft auffangen und beiseitestellen.

3 Für die Sauce die Zwiebel schälen und würfeln. Die Kardamomkapseln an den Enden leicht einritzen. 4 EL Öl in der gleichen Pfanne erhitzen. Zimtstange und Kardamomkapseln kurz darin anbraten. Die Zwiebel hinzufügen und mitbraten. Tomaten, Ingwer-Knoblauch-Paste, Chilipulver, Koriander, Kreuzkümmel, Kurkuma sowie 1 TL Salz hinzufügen.

4 Die Sauce bei starker Hitze ca. 3 Min. einkochen, dann Garam Masala hinzufügen. Weiterkochen, bis die Sauce zu glänzen beginnt und Öl an den Seiten hervortritt. Beiseitestellen und abkühlen lassen.

5 Zimtstange und Kardamom aus der abgekühlten Sauce entfernen. Bratensaft sowie bei Bedarf etwas Wasser dazugeben und die Sauce fein pürieren. Die Sauce erneut zum Kochen bringen. Kasuri Methi zwischen den Händen zerbröseln und mit der Sahne unter Sauce rühren. Hähnchen und in Scheiben geschnittene Butter dazugeben. Deckel auflegen und 7–10 Min. bei schwacher Hitze ziehen lassen. Mit Zucker und Limettensaft abschmecken. Mit Naan oder Basmati-Reis servieren.

CHICKEN TIKKA MASALA

चिकन टिक्का मसाला

Dieses Gericht ist für viele der Inbegriff indischer Küche. Dabei ist bis heute heiß umstritten, ob das Rezept tatsächlich vom Subkontinent stammt oder von Aussiedlern in London oder Glasgow entwickelt wurde. Aber die Hauptsache ist, es schmeckt!

Für 4 Portionen
Zubereitung: 40 Min.
Marinierzeit: 3 Std.
Pro Portion ca. 460 kcal

800 g Hähnchenbrustfilet

FÜR DIE MARINADE

1 EL Ingwer-Knoblauch-Paste
1 TL edelsüßes Paprikapulver
½ TL Zucker
2 EL Joghurt (3,5 % Fett)
Salz

FÜR DIE SAUCE

2 Zwiebeln
2 grüne Kardamomkapseln
6 EL Ghee
1 Stange Cassia-Zimt (ca. 5 cm lang)
2 Nelken
1 TL Kreuzkümmelsamen
1 TL gemahlene Kurkuma
2 EL Ingwer-Knoblauch-Paste
½ TL Cayennepfeffer
1 Dose stückige Tomaten (400 g)
2 EL Cashewkerne
50 ml Sahne
Salz
1 TL Zucker
1 TL getrocknete Minze
1 TL Kasuri Methi (indischer Laden)
Koriandergrün zum Garnieren

1 Die Hähnchenbrustfilets trocken tupfen und in 3 cm große Stücke schneiden. Für die Marinade die Zutaten und ½ TL Salz in einer Schüssel gründlich miteinander verrühren und die Hähnchenbrust darin wenden. Das Fleisch 3 Std. im Kühlschrank in der Marinade ziehen lassen. 30 Min. vor der Zubereitung herausholen.

2 Die Zwiebeln schälen und hacken. Die Kardamomkapseln aufbrechen und die Kerne herausholen.

3 3 EL Ghee in einer Pfanne erhitzen. Das Fleisch darin bei starker Hitze ca. 6–8 Min. von allen Seiten scharf anbraten, bis es sich bräunt. Beiseitestellen. Den Bratensaft in einer Schüssel auffangen.

4 Die Hitze reduzieren und weitere 3 EL Ghee in die Pfanne geben. Zimt, Kardamomkerne, Nelken und Kreuzkümmel 1 Min. darin anbraten. Zwiebeln dazugeben und 3 Min. braten. Mit dem Kochlöffel den Bratensatz lösen und in die Zwiebeln einarbeiten. Kurkuma, Ingwer-Knoblauch-Paste und Cayennepfeffer hinzufügen und 1 Min. mitbraten. Tomaten und Cashewkerne dazugeben. Alles bei mittlerer Hitze ca. 7 Min. einkochen, bis das Öl an den Seiten hervortritt.

5 200 ml kaltes Wasser und Sahne in die Saucengrundlage mischen. Zimtstange und Nelken entfernen. Die Sauce mit dem Pürierstab pürieren, mit Salz und Zucker abschmecken und wieder in die Pfanne geben. Kurz aufkochen.

6 Herd ausschalten. Minze und Kasuri Methi zerbröseln. Zusammen mit Fleisch und Bratensaft unter die Sauce heben. Das Tikka Masala in der Resthitze bei geschlossenem Deckel 15 Min. ziehen lassen. Mit Koriandergrün bestreuen und mit Basmati-Reis oder Naan servieren.

VINDALOO – EIN NAME, DREI KONTINENTE

Für Vindaloo stellt man aus getrockneten Chilis eine scharfe Paste her. In Panaji, Goa, erinnern viele Kirchen an die portugiesische Kolonialherrschaft (rechts).

In England gehört Vindaloo zu den meistbestellten und schärfsten Gerichten in indischen Restaurants. Doch nur Wenige wissen, dass Vindaloo seinen Ursprung nicht im tropischen Südindien, sondern an den Küsten Portugals hat. Der Name Vindaloo leitet sich von »Carne de vinha d'alhos« ab. Damit ist Fleisch, in der Regel Schweinefleisch, gemeint, das mit Wein, Knoblauch und oftmals Essig einlegt wurde.

Portugiesische Seefahrer machten so ihr Essen für lange Überfahrten haltbar. Im Kielwasser Vasco Da Gamas gelangte das Vindaloo nach Goa. Christliche Konvertiten entdeckten das Gericht für sich und reicherten es mit ihren Gewürzen an.

Mit den Portugiesen kam auch die Chili von Mexiko nach Indien. Als Teil ihres Siegeszugs durch den Subkontinent wurde sie in Vindaloo integriert und verband so die Küche von drei Kontinenten in einem Rezept. Einheimische Hindus und Muslime trugen das Gericht ins Landesinnere, ließen aber zuvor den Wein weg und ersetzten Schwein durch Ziege und Huhn. Das ist auch die Variante, die wir euch zeigen.

Aus einem Missverständnis heraus wurde allgemein angenommen, dass in Vindaloo natürlich Aloo, Kartoffeln, nicht fehlen dürfen. Und somit war die Transformation zum heutigen Lieblingsgericht der Briten perfekt.

HÄHNCHEN VINDALOO

चिकन विंडालू

Für 4 Portionen
Zubereitung: 1 Std.
Marinierzeit: 5 Std.
Pro Portion ca. 590 kcal

4 ganze Hähnchenschenkel

FÜR DIE MARINADE

5 getrocknete rote Chilischoten
3 Nelken
½ TL schwarze Pfefferkörner
½ TL schwarze Senfsamen
1 TL Koriandersamen
1 TL Kreuzkümmelsamen
1 Stange Cassia-Zimt (ca. 3 cm lang)
½ TL Cayennepfeffer
1 ½ TL edelsüßes Paprikapulver
½ TL gemahlene Kurkuma
2 ½ EL Ingwer-Knoblauch-Paste
2 TL Tamarindenpaste (70 %) (Asienladen; Achtung: kein Konzentrat!)
4 EL Weißweinessig
1 TL Jaggery (nicht-raffinierter Zucker; ersatzweise Vollrohrzucker)
Salz

FÜR DIE SAUCE

4 rote Zwiebeln (300 g)
5 EL Rapsöl
½ TL schwarze Senfsamen
Salz
3 Stängel Koriandergrün
½ TL Pfeffer

....

Tipp Am nächsten Tag schmeckt das Gericht noch besser. Die Schärfe dürfen Sie ruhig erhöhen.

1 Die Hähnchenschenkel trocken tupfen und die Haut entfernen. Ober- und Unterschenkel teilen. Für die Marinade die getrocknete Chilis an der Unterseite aufschneiden und die Kerne entfernen. Schoten mit etwas heißem Wasser übergießen und 10 Min. einweichen.

2 Eine kleine Pfanne ohne Öl erhitzen. Die Gewürze für die Marinade in einem Mörser leicht zerstoßen und 2 Min. anrösten. Geröstete Gewürze im Mörser fein mahlen. Mit den restlichen Zutaten der Marinade, den abgetropften Chilischoten und 1 TL Salz zu einer Paste verarbeiten.

3 Die Hähnchenschenkel in eine Schüssel geben und von allen Seiten mit der Gewürzpaste einreiben. Abgedeckt 5 Std. im Kühlschrank marinieren. 30 Min. vor der Zubereitung wieder herausnehmen.

4 Für die Sauce die Zwiebeln schälen, halbieren und in Halbringe schneiden. Das Öl in einem Topf erhitzen. Senfsamen ca. 1 Min. darin anbraten, bis die Körner springen. Zwiebeln hinzufügen und bei mittlerer Hitze 8 Min. braten, bis sie weich und leicht gebräunt sind.

5 Das marinierte Fleisch dazugeben und im heißen Öl 5 Min. von allen Seiten anbraten. 200 ml heißes Wasser angießen, dabei die Reste der Marinade aus der Schüssel mit dazugeben. 30 Min. bei geschlossenem Deckel köcheln lassen. Hin und wieder das Fleisch wenden. Nach der Hälfte der Kochzeit die Sauce mit Salz abschmecken. Koriander waschen, trocken schütteln und fein hacken. Curry mit Pfeffer und frisch gehacktem Koriandergrün verfeinern. Mit Basmati-Reis oder Naan servieren.

APRIKOSENHÄHNCHEN

खुबानी मुर्गी

Für 4 Portionen
Zubereitung: 1 Std.
Backzeit: 1 Std. 5 Min.
Marinierzeit: 8 Std.
Pro Portion ca. 990 kcal

1 Brathähnchen (enthäutet vom Metzger)

FÜR DIE MARINADE

1 EL Milch
⅓ TL Safranfäden
2 EL Ingwerpaste
⅓ TL gemahlener Kardamom
1 EL Joghurt (3,5 % Fett)
2 EL Öl
Salz

FÜR DIE FÜLLUNG

200 g gekochter Basmati-Reis
2 EL Röstzwiebeln
2 EL Mandelstifte

FÜR DIE SAUCE

200 g getrocknete Aprikosen
2 Tomaten
1 Zwiebel
2 EL Ingwerpaste
6 EL Ghee
1 TL Shahi Kala Jeera (indischer Laden)
4 grüne Kardamomkapseln
1 Stange Cassia-Zimt (ca. 7 cm lang)
3 Nelken
1 indisches Lorbeerblatt (indischer Laden)
1 TL gemahlene Kurkuma
½ TL gemahlener Koriander
100 g Sahne
Salz

1 Für die Marinade die Milch erwärmen und die Safranfäden darin ca. 10 Min. einweichen. Das Hähnchen sorgfältig trocken tupfen. Brust und Schenkel mehrfach schräg einschneiden.

2 Alle Marinadenzutaten und ½ TL Salz miteinander verrühren. Hähnchen damit von allen Seiten einreiben und 8 Std. zugedeckt im Kühlschrank marinieren. 1 Std. vor der Zubereitung herausholen.

3 Für die Sauce die Aprikosen in kleine Würfel schneiden und 30 Min. in warmem Wasser einweichen. Inzwischen die Tomaten kreuzweise einritzen und ca. 1 Min. mit kochendem Wasser überbrühen. Kalt abschrecken, häuten und grob hacken. Die Zwiebel schälen und hacken.

4 Die Aprikosen abgießen, das Einweichwasser auffangen. Die Hälfte der Aprikosen mit Tomaten, Zwiebeln und Ingwerpaste pürieren.

5 Backofen auf 200° vorheizen. Ghee in einem Bräter mit Deckel erhitzen. Shahi Kala Jeera, Kardamomkapseln, Zimt, Nelken und Lorbeerblatt darin bei mittlerer Hitze ca. 1 Min. anbraten. Die Aprikosenpaste mit Kurkuma und Koriander dazugeben und mitbraten.

6 Nach ca. 3 Min. 100 ml Einweichwasser und die Sahne in die Sauce rühren. Weitere 5 Min. köcheln lassen. Restliche Aprikosenstücke unterrühren. Beiseitestellen. Nach Belieben salzen.

7 Den Reis mit Röstzwiebeln und Mandeln vermengen. Das Hähnchen mit Reis füllen und mit Küchengarn zuknoten. Mit der Brust nach unten auf die Sauce betten. Die Oberseite großzügig mit Sauce bestreichen.

8 Im Ofen (Mitte) zugedeckt 1 Std. backen, ab und zu mit Sauce bestreichen. Deckel abnehmen, Huhn wenden und Brustseite mit Sauce bedecken. Grillfunktion zuschalten und das Hähnchen bei 250° 5–7 Min. grillen. Herausnehmen und tranchieren. Das Aprikosenhähnchen mit Reisfüllung und Sauce servieren.

HÄHNCHEN IN SPINATSAUCE

पालक चिकन

Für 4 Portionen
Zubereitung: 1 Std.
Marinierzeit: 5 Std.
Pro Portion ca. 615 kcal

4 ganze Hähnchenschenkel (1,2 kg)

FÜR DIE MARINADE

1–2 grüne Chilischoten
1 EL Joghurt (3,5 % Fett)
1 EL Ingwer-Knoblauch-Paste
½ TL Garam Masala
½ TL gemahlene Kurkuma
Salz

FÜR DIE SAUCE

200 g TK-Spinat
2 Zwiebeln
4 grüne Kardamomkapseln
2 Tomaten
4 EL Rapsöl
1 Stange Cassia-Zimt (ca. 7 cm lang)
4 Nelken
1 EL Ingwer-Knoblauch-Paste
1 TL gemahlener Kreuzkümmel
1 TL gemahlener Koriander
½ TL gemahlener Fenchel
Salz
100 g Sahne
3 TL Kasuri Methi (indischer Laden)
frisch geriebene Muskatnuss
1 TL Garam Masala

....

Info In Indien kocht man gerne mit ganzen Gewürzen. Sie bleiben im Gericht, werden aber nicht mitgegessen.

1 Hähnchenschenkel trocken tupfen und häuten. Schenkel in Ober- und Unterkeule teilen.

2 Für die Marinade die Chilis waschen. Für weniger Schärfe längs halbieren, Stiele, Trennwände und Kerne entfernen und fein hacken. Mit den restlichen Zutaten und ½ TL Salz in einer Schüssel verrühren. Hähnchenschenkel darin einlegen und abgedeckt 5 Std. im Kühlschrank marinieren. 30 Min. vor der Zubereitung herausholen.

3 Den Spinat auftauen und mit 100 ml Wasser zu einer feinen Sauce pürieren. Die Zwiebeln schälen und fein hacken. Die Kardamomkapseln an den Enden einritzen.

4 Tomaten kreuzweise einritzen und 1 Min. mit kochendem Wasser überbrühen. Kalt abschrecken, häuten und das Fruchtfleisch grob hacken.

5 Das Öl in einer Pfanne erhitzen. Zimt, Nelken und Kardamomkapseln darin bei mittlerer Hitze ca. 1 Min. braten, bis sich ein schönes Aroma entfaltet. Zwiebeln dazugeben und glasig anbraten. Ingwer-Knoblauch-Paste, Tomaten, Kreuzkümmel, Koriander, Fenchel und 1 TL Salz dazugeben und einkochen, bis die Tomaten komplett zerfallen sind. Mit dem Kochlöffel das Gemüse immer wieder zerdrücken.

6 Die Hähnchenschenkel unter die Sauce heben. Deckel auflegen und alles bei mittlerer Hitze 20 Min. köcheln lassen. Fleisch ab und zu wenden. Spinat und Sahne dazugeben. Hitze steigern und die Sauce ca. 10 Min. einkochen, bis die gewünschte Konsistenz erreicht ist.

7 Herd ausschalten. Kasuri Methi zwischen den Händen zerbröseln und mit 1 Prise Muskat und Garam Masala unterrühren. Alles zugedeckt noch 5 Min. ziehen lassen. Mit Basmati-Reis oder Naan servieren.

TANDOORI-HÄHNCHEN

तंदूरी चिकन

Für 4 Portionen
Zubereitung: 10 Min.
Marinierzeit: 5 Std.
Backzeit: ca. 30 Min.
Pro Portion ca. 525 kcal

4 ganze Hähnchenschenkel (1,2 kg)
4 TL Ghee
frischer Limettensaft

FÜR DIE MARINADE
1 TL Kasuri Methi (indischer Laden)
80 g Joghurt (3,5 % Fett)
3 EL Ingwer-Knoblauch-Paste
1 ½ TL Garam Masala
2 TL Kashmiri-Chilipulver (indischer Laden)
½ TL gemahlener Kreuzkümmel
½ TL gemahlene Kurkuma
1 TL Speisestärke
1 EL Rapsöl
Salz

1 Hähnchenschenkel trocken tupfen und häuten. 4- bis 5-mal schräg einschneiden.

2 Für die Marinade Kasuri Methi mit den Händen zerbröseln und mit den restlichen Zutaten und 1 TL Salz in einer Schüssel vermengen. Das Hähnchen darin 5 Std. zugedeckt im Kühlschrank marinieren. 30 Min. vor der Zubereitung herausholen.

3 Backofen auf 250° (Grill) vorheizen. Ein Backblech mit Alufolie auslegen. Die Hähnchenschenkel auf den Rost legen und direkt unter den Grill des Backofens schieben. Das Backblech auf die Schiene darunter schieben, um das herabtropfende Fett aufzufangen. Die Hähnchenschenkel zunächst von beiden Seiten 7–10 Min. grillen, bis sich dunkle Stellen bilden.

4 Die Hitze auf 180° (Umluft) reduzieren, die Schenkel auf die mittlere Schiene des Grills schieben und jeweils mit 1 TL Ghee bestreichen. Weitere 15 Min. backen. Mit Limettensaft beträufeln. Dazu schmeckt Naan oder Basmati-Reis, ein Raita und Minz-Chutney.

LAMM KATHI KABAB

मटन काठी कबाब

Für 4 Portionen
Zubereitung: 25 Min.
Pro Portion ca. 460 kcal

1 Zwiebel
4 Stängel Minze
4 grüne Chilischoten
3 Scheiben Toast
600 g Lammhackfleisch
2 EL Ingwer-Knoblauch-Paste
2 TL Garam Masala
½ TL Cayennepfeffer
½ TL gemahlener Kurkuma
Salz
Ghee zum Bestreichen
½ Ei (M)
2 EL Limettensaft zum Beträufeln
dicke Holzspieße

1 Zwiebel schälen und fein hacken. Minze waschen, trocken schütteln und fein hacken. Chilis waschen, längs halbieren, Stiele, Trennwände und Kerne entfernen und fein hacken. Toast fein zerbröseln.

2 Alle Zutaten, außer Ghee, Ei und Limettensaft, mit 1 TL Salz in einer großen Schüssel zu einem Teig verkneten.

3 Das Ei verquirlen und unter den Teig mischen. Ghee zerlassen. Ein Backblech mit Backpapier auslegen. Die Spieße leicht mit Wasser befeuchten. Den Teig auf aufteilen, zu langen Würsten rollen und um die Spieße wickeln. Die Masse mit den Händen gleichmäßig verteilen und mit Ghee bestreichen.

4 Den Backofen auf 220° (Umluft) vorheizen. Die Spieße auf das Backblech legen und im Ofen (Mitte) 15 Min. backen. Nach der Hälfte der Zeit wenden. Mit Limettensaft beträufeln und servieren. Kababs schmecken hervorragend mit Tandoori Gemüse oder Naan.

Tipp Die Kathi Kabab lassen sich auch prima auf dem Grill zubereiten.

LAMM KORMA

मटन कोरमा

Lamm Korma ist wohl das berühmteste Gericht der Mogule. In seiner vielfältigen Geschmackspalette spiegelt es den Überfluss bei Hofe wider. Lammfleisch, geschmort in einer Nuss-Joghurt-Sauce, versetzt mit edlen Gewürzen, abgerundet mit einer floralen Note.

Für 4 Portionen
Zubereitung: 30 Min.
Marinierzeit: 8 Std.
Kochzeit: 1 Std. 5 Min.
Pro Portion ca. 865 kcal

800 g Lammkeule, entbeint

FÜR DIE MARINADE

1 EL Joghurt (3,5 % Fett)
1 EL Ingwer-Knoblauch-Paste

FÜR DIE SAUCE

200 g Joghurt (3,5 % Fett)
1 TL gemahlener Koriander
1 TL gemahlener Kreuzkümmel
½ TL Cayennepfeffer
1 TL edelsüßes Paprikapulver
50 g Röstzwiebeln
3 EL blanchierte gemahlene Mandeln
5 grüne Kardamomkapseln
5 EL Ghee
1 ½ Stangen Cassia-Zimt (ca. 10 cm lang)
3 Nelken
1 schwarze Kardamomkapsel
50 g Ingwer-Knoblauch-Paste
Salz
1 EL Zucker (nach Belieben)
1 EL Rosenwasser
80 g Sahne
frisch geriebene Muskatnuss

1 Das Lammfleisch trocken tupfen und in 3 cm große Stücke schneiden. Joghurt und Ingwer-Knoblauch-Paste verrühren. Das Lammfleisch damit marinieren und 8 Std. in den Kühlschrank stellen. 45 Min. vor der Zubereitung wieder herausholen.

2 Für die Sauce den Joghurt mit 50 ml Wasser, Koriander, Kreuzkümmel, Cayennepfeffer und Paprikapulver anrühren. Röstzwiebeln zerbröseln und beiseitestellen. Gemahlene Mandeln mit 80 ml heißem Wasser einweichen. Kardamomkapseln leicht einritzen.

3 Ghee in einem Topf auf ca. 175° erhitzen. Zimt, Nelken und grüne sowie schwarze Kardamomkapseln darin 1 Min. bei mittlerer Hitze braten. Lamm dazugeben und von allen Seiten ca. 6 Min. scharf anbraten, bis es leicht Farbe angenommen hat. Ingwer-Knoblauch-Paste hinzufügen und 2 Min. mitbraten.

4 Topf vom Herd nehmen und den angerührten Joghurt unterrühren. Der Joghurt sollte Zimmertemperatur haben. Röstzwiebeln dazugeben und nach Belieben salzen. Topf wieder auf den Herd stellen und bei niedriger Hitze und geschlossenem Deckel 20 Min. köcheln lassen.

5 Den Deckel abnehmen. Sollte die Sauce zu stark eindicken, nach Bedarf etwas Wasser hinzufügen. Weitere 15 Min. köcheln lassen. Mandelpaste und Zucker unterheben und 10 Min. bei geringer Hitze mitköcheln.

6 Herd ausschalten. Mit Rosenwasser und Sahne verfeinern. Mit 1 Prise Muskat abschmecken. Deckel auflegen und 5 Min. in der Resthitze ziehen lassen. Schmeckt zu Naan und süßem Pulau.

LAMM ROGAN JOSH

मटन रोग़न जोश

Rogan Josh ist ein Gericht aus Kashmir und existiert in dreierlei Variationen. Eine Version mit Hing wurde von den Hindu Pandits Kashmirs entwickelt. Die bekanntere Version mit Tomaten wird in Restaurants serviert. Und die hier nachempfundene muslimische Variante mit Knoblauch und Zwiebeln stammt vom Wazwan, Kashmirs legendärem Mehrgängemenü mit bis zu 36 Gerichten.

Für 4 Portionen
Zubereitung: 40 Min.
Kochzeit: 1 Std.
Pro Portion ca. 735 kcal

1,2 kg Lammkeule (inkl. Röhrenknochen, vom Metzger in drei Teile hacken lassen)

FÜR DIE SAUCE
2 Gemüsezwiebeln
8 Knoblauchzehen
6 EL Ghee
4 grüne Kardamomkapseln
2 schwarze Kardamomkapseln
4 Nelken
2 Stangen Cassia-Zimt (ca. 14 cm lang)
10 schwarze Pfefferkörner
2 ½ TL gemahlener Fenchel
½ TL gemahlene Kurkuma
1 EL gemahlener Ingwer
1–2 TL Kashmiri-Chilipulver (indischer Laden)
150 ml Rote-Beete-Saft
Salz

....

Info Nicht wundern! Das traditionelle Roghan Josh hat eine intensive, aber dünne Sauce.

1 Die Lammkeule waschen und trocken tupfen. Wenn nötig, Knochensplitter entfernen. Das Fleisch in große Würfel schneiden. Zwiebeln schälen und in feine Halbringe schneiden. Knoblauch schälen und fein hacken.

2 3 EL Ghee in einem Schmortopf erhitzen. Das Lammfleisch und die Knochen darin bei starker Hitze von allen Seiten ca. 9 Min. scharf anbraten, bis sich ein Bratensatz gebildet hat. Das Lammfleisch und die Knochen herausnehmen und beiseitelegen.

3 Übriges Ghee in den Topf geben. Grüne und schwarze Kardamomkapseln, Nelken, Zimt und Pfefferkörner darin 1 Min. rösten. Achtung, es spritzt! Die Zwiebeln dazugeben und 10 Min. bei mittlerer Hitze braten. Den Bratensatz immer wieder mit einem Kochspatel lösen.

4 2 TL Fenchel, Kurkuma, Ingwer- und Chilipulver, Knoblauch und 50 ml Rote-Beete-Saft dazugeben und 3 Min. dicklich einkochen lassen. Lammfleisch und Knochen, 600 ml heißes Wasser, weitere 100 ml Rote-Beete-Saft und Salz hinzufügen. Deckel auflegen und bei mittlerer Hitze 1 Std. köcheln lassen. Ab und zu umrühren.

5 Übrigen Fenchel dazugeben, Herd ausschalten und das Curry noch 10 Min. in der Resthitze ziehen lassen. Die Sauce nach Belieben durch ein Sieb passieren. Mit Basmati-Reis servieren.

LACHSSTEAKS MIT SENF

सरसों मछली

Limettensaft, grüne Chili und Koriander erzeugen eine frische Note, die perfekt mit dem Lachs harmoniert. Als »Dry Curry« kommt der Senf in diesem bengalischen Rezept intensiv zur Geltung.

Für 4 Portionen
Zubereitung: 35 Min.
Pro Portion ca. 615 kcal

4 Lachsteaks à 200 g
½ TL Kurkuma
Salz

FÜR DIE SAUCE
150 g milder Joghurt (3,5 % Fett)
1 EL weiße Mohnsamen
1 TL gelbe Senfsamen
1 TL schwarze Senfsamen
6 EL Senföl
Salz
2 grüne Chilischoten
½ TL Schwarzkümmelsamen
1 gestr. TL gemahlene Kurkuma
1 TL gemahlener Koriander
1 TL Rohrohrzucker
Koriandergrün zum Garnieren
2 EL Limettensaft

....

Tipp In einer beschichteten Pfanne lässt sich der Fisch einfacher anbraten. Bei diesem Gericht ist ein scharfes Senföl zu empfehlen.

1 Für die Sauce den Joghurt aus dem Kühlschrank nehmen und auf Raumtemperatur bringen. Mohn- und Senfsamen 15 Min. in heißem Wasser einweichen.

2 Inzwischen die Lachssteaks waschen und trocken tupfen. Mit Kurkuma und ½ TL Salz einreiben und beiseitestellen. Die Chilis waschen, halbieren und für weniger Schärfe Trennwände und Kerne entfernen.

3 Die Mohn- und Senfsamen mit 3 EL Wasser zu einer Paste pürieren. 3 EL Senföl in einer Pfanne erhitzen. Die Lachssteaks darin bei starker Hitze von jeder Seite ca. 3 Min. goldgelb braten. Herausnehmen und beiseitestellen.

4 Weitere 3 EL Senföl in die Pfanne geben. Schwarzkümmel und halbierte Chili darin ca. 30 Sek. anbraten. Mit Senf- und Mohnpaste, Joghurt sowie 100 ml heißem Wasser ablöschen. Kurkuma und gemahlenen Koriander hinzufügen. Mit Salz und Zucker abschmecken. Sauce 6–8 Min. köcheln, bis an den Seiten Öl hervortritt.

5 100 ml heißes Wasser einrühren und den Lachs in die Sauce legen, den Herd ausschalten und zugedeckt 5 Min. in der Resthitze ziehen lassen. Mit Koriandergrün garnieren und mit frischem Limettensaft beträufeln. Mit Basmati-Reis servieren.

FISCH IN KOKOSCURRY

नारियल मछली कारी

Curryblätter, Tamarinde und Kokos harmonieren perfekt miteinander und bringen mit ihren intensiven Aromen südindischen Flair auf den Teller. Egal, wie es draußen aussieht, mit diesem Gericht holt man sich auch an grauen Tagen die Sonne an den Esstisch.

Für 4 Portionen
Zubereitung: 40 Min.
Pro Portion ca. 805 kcal

900 g Rotbarschfilet oder anderer weißer fester Fisch
Salz
½ TL Kurkuma

FÜR DIE SAUCE

60 g frische Tamarinde mit Schale (siehe Tipp)
6 EL Kokosraspel
2 grüne Chilischoten
1 große Zwiebel
1 TL schwarze Pfefferkörner
5 EL Kokosöl
1 TL schwarze Senfsamen
1 TL Kreuzkümmelsamen
15 frische Curryblätter (indischer Laden)
2 EL Ingwer-Knoblauch-Paste
½ TL gemahlener Koriander
½ TL Kashmiri-Chilipulver (indischer Laden)
2 TL gemahlene Kurkuma
Salz
600 ml Kokosmilch (80 %)

....

Tipp Sie können auch fertige Tamarindenpaste im Asienladen kaufen. Achtung: kein Konzentrat!

1 Tamarinde schälen und mit einem kleinen Messer die Kerne entfernen. Das Fruchtfleisch sollte ca. 30 g wiegen. Mit 120 ml heißem Wasser aufgießen, bis die Tamarinde bedeckt ist, und mind. 10 Min. einweichen. Das Fruchtfleisch mit 3 EL Einweichwasser pürieren, das restliche Wasser wegschütten.

2 Die Kokosraspel 10 Min. in 6 EL Wasser einweichen. Die Chilis waschen. Für weniger Schärfe längs halbieren, Stiele, Trennwände und Kerne entfernen. Fein hacken. Die Zwiebel schälen und fein hacken. Pfeffer im Mörser grob zerstoßen.

3 Rotbarsch waschen, trocken tupfen und in ca. 6 cm lange und 3,5 cm breite Stücke schneiden. Mit ½ TL Salz und Kurkuma einreiben.

4 In einer Pfanne 4 EL Kokosöl erhitzen und den Fisch darin bei starker Hitze auf jeder Seite ca. 2 Min. anbraten. Fisch samt Fond in eine Schüssel füllen. Beiseitestellen.

5 1 EL Kokosöl in derselben Pfanne erhitzen und darin Chili, Senf- und Kreuzkümmelsamen kurz anbraten, bis die Senfsamen zu springen beginnen. Die Hitze reduzieren, Curryblätter, Pfeffer und Zwiebeln hinzufügen und bei mittlerer Hitze glasig braten.

6 Die Kokosraspel, Ingwer-Knoblauch-Paste, Koriander, Kashmiri-Chilipulver, Kurkuma und 1 TL Salz hinzufügen. 6 EL Wasser hinzufügen und 3 Min. weiterköcheln.

7 Kokosmilch und Tamarinde zur Saucengrundlage geben. Sauce bei starker Hitze einmal aufkochen. Herd ausschalten, Fisch samt Bratensaft vorsichtig unterheben und zugedeckt 5 Min. in der Resthitze ziehen lassen.

FISCHKÜCHLEIN

मछली की टिक्की

Für 4 Portionen
Zubereitung: 1 Std. 15 Min.
Kühlzeit: 1 Std.
Pro Portion ca. 390 kcal

3 mehligkochende Kartoffeln
600 g weißes Fischfilet
1 Zwiebel
2 grüne Chilischoten
5 Stängel Minze
1 TL Fenchelsamen
4 EL Öl
1 TL Kreuzkümmelsamen
½ TL Chiliflocken (nach Belieben)
½ TL gemahlene Kurkuma
½ TL gemahlener Koriander
1 ½ EL Ingwer-Knoblauch-Paste
3 Scheiben Toast
½ TL Pfeffer
Salz
2 EL Zitronensaft
1 TL Backpulver
1 Ei (M)
Öl zum Frittieren

....

Tipp Diese Fischküchlein sind so lecker, dass wir gleich die doppelte Menge herstellen und die Hälfte einfrieren. Der Arbeitsaufwand ist ungefähr gleich, aber man hat länger Freude an ihnen.

1 Die Kartoffeln schälen, garen und abkühlen lassen. Inzwischen Fischfilets waschen, trocken tupfen und in grobe Stücke schneiden. Die Zwiebel schälen und fein hacken. Chilis waschen. Für weniger Schärfe längs halbieren und Stiele, Trennwände und Kerne entfernen. Fein hacken. Minze waschen, trocken schütteln, die Blättchen abzupfen und fein hacken. Fenchel grob zerstoßen.

2 4 EL Öl in einer Pfanne erhitzen. Fenchel, Kreuzkümmel und Chiliflocken darin bei mittlerer Hitze ca. 40 Sek. anrösten. Zwiebeln hinzufügen und glasig anbraten.

3 Kurkuma, Koriander und Ingwer-Knoblauch-Paste hinzufügen und 1 Min. braten. Fisch dazugeben. Sobald der Fisch Farbe annimmt, mit dem Kochlöffel in kleine Stücke zerteilen und ca. 8 Min. weiterbraten. Masse zum Abkühlen beiseitestellen.

4 Inzwischen die Kartoffeln zerstampfen. Toast mit den Händen fein zerbröseln und zu den Kartoffeln geben. Abgekühlte Fischmasse, Minze, fein gehackte Chili, Pfeffer, 1 TL Salz, Zitronensaft und Backpulver hinzufügen. Masse gründlich durchkneten.

5 Das Ei aufschlagen, verquirlen und unter die Masse kneten. Aus der Masse 12 runde und 1 cm hohe Küchlein formen und 1 Std. in den Kühlschrank stellen.

6 Einen Teller mit Küchenpapier auslegen. Das Frittieröl in einer Pfanne auf 175° erhitzen. So viel Öl benutzen, dass die Fischküchlein zur Hälfte im Öl liegen. Sechs Küchlein in die Pfanne geben und von jeder Seite ca. 3 Min. braten. Auf Küchenpapier entfetten und die restlichen Fischküchlein genauso braten. Dazu schmeckt Raita, Chutney oder Tomatenreis.

GARNELEN MIT RETTICH

मूली झींगे

In Deutschland ist Rettich vor allem eingelegt oder als Salat beliebt. Dieses Rezept zeigt, wie man Rettich als Gemüse zubereitet und auch mit wenigen Garnelen einen tollen Geschmack zaubert.

Für 4 Portionen
Zubereitung: 35 Min.
Pro Portion ca. 360 kcal

400 g küchenfertige rohe Garnelen (frisch oder TK und aufgetaut)
1 Rettich

FÜR DIE SAUCE
1 Tomate
2 EL Rapsöl
2 EL Ghee
1 Stange Cassia-Zimt (ca. 6 cm lang)
3 grüne Kardamomkapseln
3 Nelken
½ TL Panch Phoron (indischer Laden)
2 EL Ingwerpaste (indischer Laden)
1 TL gemahlene Kurkuma
½ TL Cayennepfeffer
½ TL gemahlener Koriander
½ TL gemahlener Kreuzkümmel
250 ml Kokosmilch (80 %)
1 TL Zucker
Salz
Koriandergrün zum Garnieren

1 Die Garnelen schälen, waschen und trocken tupfen. Rettich schälen, der Länge nach vierteln und in ca. 2 cm große Stücke schneiden.

2 Die Tomate kreuzweise einritzen. Wasser zum Kochen bringen. Tomate und Rettich dazugeben. Die Tomate nach 1 Min. herausholen, kalt abschrecken, häuten und das Fruchtfleisch grob hacken. Den Rettich weitere 2 Min. kochen, dann in ein Sieb abgießen.

3 Öl mit Ghee in einem Topf erhitzen. Zimt, Kardamomkapseln, Nelken sowie Panch Phoron darin bei mittlerer Hitze 1 Min. anbraten. Die Garnelen dazugeben.

4 Sobald die Garnelen Farbe annehmen, Tomaten, Ingwerpaste, Kurkuma, Cayennepfeffer, Koriander und Kreuzkümmel hinzufügen und 2 Min. anschwitzen. Blanchierten Rettich hinzufügen.

5 Nach 2 Min. Kokosmilch, Zucker und Salz hinzufügen. Deckel auflegen und zugedeckt 20–25 Min. köcheln, bis der Rettich fast gar ist. Deckel abnehmen und die Sauce 2 Min. offen einkochen lassen, bis an den Seiten Öl hervortritt. Koriander waschen, trocken schütteln, fein hacken und aufstreuen. Mit Basmati-Reis servieren.

GARNELEN MASALA

सूखा झींगा मसाला

Es gibt Tage, da haben wir besonders Lust auf scharfes Essen. Dann kochen wir gerne dieses »Dry Curry«. Es hat nicht viel Sauce, dafür aber ein sehr intensives und scharfes Aroma, das perfekt zu den leckeren Garnelen passt. Ein feuriger Traum für Chili-Fans!

Für 4 Portionen
Zubereitung: 1 Std.
Marinierzeit: 1 Std.
Pro Portion ca. 305 kcal

800 g küchenfertige rohe Garnelen (frisch oder TK und aufgetaut)

FÜR DIE MARINADE

1 TL Ingwer-Knoblauch-Paste
1 Prise gemahlene Kurkuma
1 Prise Kashmiri-Chilipulver

FÜR DIE MASALA-GRUNDLAGE

2 Zwiebeln
2 Tomaten
6 Stängel Koriander
4 grüne Chilischoten
6 EL Rapsöl
1 indisches Lorbeerblatt
½ TL Kreuzkümmelsamen
1 TL Zucker
2 TL Ingwer-Knoblauch-Paste
1 TL Tomatenmark
½ TL gemahlene Kurkuma
½ TL gemahlener Koriander
½ TL gemahlener Fenchel
½ TL Cayennepfeffer
1 TL Garam Masala
Salz
2 EL Limettensaft

1 Die Garnelen waschen und trocken tupfen. Mit Ingwer-Knoblauch-Paste, Kurkuma und Kashmiri-Chilipulver marinieren und 1 Std. in den Kühlschrank stellen.

2 Inzwischen Zwiebeln schälen, halbieren und in dünne Halbringe schneiden. Tomaten waschen, Stielansatz entfernen und hacken. Koriander waschen und trocken schütteln. Die Blätter abzupfen und fein hacken. Die Stängel separat hacken und beiseitestellen. Chilis waschen und fein hacken.

3 Das Öl in einer Pfanne erhitzen. Lorbeerblatt und Kreuzkümmel darin bei mittlerer Hitze anbraten. Nach ca. 50 Sek. Zwiebeln und Zucker hinzufügen. Ca. 15 Min. braten, bis die Zwiebeln braun sind.

4 Ingwer-Knoblauch-Paste, Chilis sowie Tomatenmark hinzufügen und 1 Min. anbraten. Tomaten, Kurkuma, gemahlenen Koriander, Fenchel, Cayennepfeffer und ½ TL Garam Masala hinzufügen und 2 Min. braten.

5 150 ml Wasser hinzufügen. Ca. 10 Min. einkochen, bis die Masse eindickt und das Öl an den Seiten hervortritt. Garnelen unterheben. Mit Salz würzen. Deckel auflegen und bei starker Hitze 5–7 Min. kochen, bis die Garnelen Farbe angenommen haben.

6 Korianderstängel untermischen, Deckel wieder auflegen und bei kleiner Hitze ca. 3 Min. weiterköcheln. Hitze ausschalten, Korianderblätter und restliches Garam Masala unterheben. 5 Min. in der Resthitze ziehen lassen.

7 Vor dem Servieren mit Limettensaft verfeinern. Mit Basmati-Reis oder süßem Hirsepulao servieren.

VEGETARISCH & DALS

Als Megadiversity Country beherbergt Indien über zehn Prozent der weltweiten Flora. Mit mehr als 45 000 Pflanzenarten ist die indische Küche ein schier unerschöpflicher Quell an vegetarischen Gerichten. Auf den nächsten Seiten zeigen wir euch ein paar unserer Lieblinge.

AUBERGINENCURRY

बैंगन मसाला

ZUM VIDEO

Backöfen sind in indischen Haushalten immer noch eine Seltenheit. Aber wir bereiten Currys auch gerne im Backofen zu, besonders wenn Gäste kommen. Dieses Rezept habe ich bei meiner Mutter abgeschaut. Besonders die kleinen Auberginen machen es sooo lecker!

Für 4 Portionen
Zubereitung: 20 Min.
Backzeit: 1 Std. 10 Min.
Pro Portion ca. 445 kcal

2 rote Zwiebeln
800 g kleine violette Auberginen (ca. 14 Stück)
Salz
Öl zum Bestreichen
4 EL Ghee
1 TL Kreuzkümmelsamen
10 frische Curryblätter (indischer Laden)
1 ½ EL Ingwerpaste (siehe Tipp)
1 TL Kashmiri-Chilipulver (indischer Laden)
1 TL gemahlene Kurkuma
400 ml Kokosmilch (80 %)
350 g passierte Tomaten
1 EL Zucker

AUSSERDEM
1 Auflaufform (ca. 32 x 25 cm)

....

Tipp Frische Ingwerpaste lässt sich mit einer feinen Küchenreibe auch selbst herstellen.

1 Den Backofen auf 180° (Umluft) vorheizen. Die Zwiebeln schälen und fein hacken. Die Auberginen waschen und halbieren. Die Haut mit einer Gabel jeweils 3-mal einstechen und rundum mit 1 Prise Salz und Öl bestreichen.

2 Auberginen mit der Schnittfläche nach oben in einer Auflaufform verteilen und im Ofen (Mitte) 20 Min. backen.

3 Inzwischen die Saucengrundlage zubereiten. Ghee in einer Pfanne erhitzen. Kreuzkümmel darin bei starker Hitze kurz anrösten. Curryblätter dazugeben und ebenfalls kurz anrösten. Danach Zwiebeln hinzufügen und bei mittlerer Hitze glasig anbraten.

4 Ingwerpaste, Kashmiri-Chilipulver, Kurkuma und Salz hinzufügen. Kurz mitbraten. Kokosmilch und Tomaten angießen. Weitere 4 Min. bei starker Hitze und unter ständigem Rühren einkochen. Mit Zucker abschmecken.

5 Die Sauce auf den vorgebackenen Auberginen verteilen und die Auflaufform mit Alufolie abdecken. Weitere 50 Min. backen. Das Curry ist fertig, wenn die Auberginen gar sind und das Öl an den Seiten hervortritt.

WÜRZIGES AUBERGINENPÜREE

बैंगन भरता

Das Grillaroma der Auberginen verleiht diesem Gericht das gewisse Etwas. Sogar Auberginenskeptiker werden diesem würzigen Püree nicht widerstehen können. Baba Ganoush auf indische Art.

Für 4 Portionen
Zubereitung: 20 Min.
Backzeit: 35 Min.
Pro Portion ca. 180 kcal

2 EL Joghurt (3,5 % Fett)
2 große Auberginen
Salz
5 EL Öl
1 Tomate
4 Stängel Koriander
2 Knoblauchzehen
1 Stück Ingwer (ca. 4 cm lang)
1 rote Zwiebel
1 getrocknete rote Chilischote
½ TL Kreuzkümmelsamen
1 TL Tomatenmark
½ TL gemahlene Kurkuma
½ TL gemahlener Koriander
1 TL Kasuri Methi
(indischer Laden)
½ TL Garam Masala
1 grüne Chilischote
(nach Belieben)

....

Tipp Dieses Püree passt prima zum nächsten Grillabend: Gewürzsauce schon zuvor zubereiten und die Auberginen direkt auf den Grill geben. Das gibt extra Grillaroma. Sobald die Auberginen weich sind, das Auberginenfleisch unter die Gewürzsauce heben und wie in Schritt 5 beschrieben abschmecken.

1 Joghurt auf Raumtemperatur bringen. Backofen auf 200° vorheizen. Auberginen waschen, abtrocknen und der Länge nach 2 cm tief einschneiden. Mit 1 Prise Salz und 1 EL Öl außen und innen einreiben. Auberginen in eine Auflaufform legen und im Ofen (oben) 30 Min. backen. Am Ende der Garzeit die Grillfunktion zuschalten, bis ein dezentes Raucharoma entsteht. Auberginen kurz abkühlen lassen und dann mithilfe einer Gabel häuten.

2 Inzwischen Tomate waschen und in Würfel schneiden, dabei Stielansatz entfernen. Koriander waschen, trocken schütteln und hacken. Knoblauch und Ingwer schälen und grob zerkleinern. Zwiebel schälen und fein hacken.

3 4 EL Öl in einer Pfanne erhitzen. Getrocknete rote Chili und Kreuzkümmel darin bei mittlerer Hitze ca. 20 Sek. braten. Knoblauch hinzufügen und braten, bis er eine leicht braune Farbe annimmt.

4 Zwiebeln und Tomatenmark hinzufügen und mitbraten. Gehackte Tomaten, Ingwer, Kurkuma, Koriander und Joghurt hinzufügen und ca. 4 Min. einkochen, bis das Öl an den Seiten hervortritt.

5 Das gegrillte Auberginenfleisch, Kasuri Methi sowie Garam Masala und Salz hinzufügen. 3 Min. kochen. Dabei mit dem Kochlöffel die Aubergine zerdrücken. Koriander aufstreuen. Grüne Chili waschen, in Ringe schneiden und dazugeben. Dazu passt Chapati.

TANDOORI GEMÜSE

तंदूरी सब्जियाँ

Für 4 Portionen
Zubereitung: 10 Min.
Backzeit: 15 Min.
Pro Portion ca. 165 kcal

1 gelbe Paprika
1 großer Zucchino (200 g)
200 g Champignons
200 g Kirschtomaten
1 große rote Zwiebel

FÜR DIE MARINADE
250 g Joghurt (3,5 % Fett)
30 g Kichererbsenmehl
1 EL Ingwer-Knoblauch-Paste
1 TL Garam Masala
½ TL Cayennepfeffer
½ TL gemahlene Kurkuma
Salz
2 EL Rapsöl

AUSSERDEM
4 Spieße

1 Das Gemüse waschen und putzen. Die Paprika halbieren, weiße Trennwände und Kerne entfernen. Paprika und Zucchino in jeweils acht Scheiben schneiden. Champignons je nach Größe halbieren. Zwiebel schälen und achteln.

2 Den Joghurt mit den übrigen Marinadezutaten und 1 TL Salz in einer großen Schüssel verrühren. Das Gemüse in die Schüssel geben und von allen Seiten mit Marinade bedecken. 30 Min. zugedeckt ziehen lassen.

3 Den Backofen auf 220° (Umluft) vorheizen. Das Gemüse abwechselnd auf 4 Spieße stecken und auf einen Grillrost legen. Im Ofen (oben) 15 Min. backen. In den letzten 2 Min. die Grillstufe zuschalten. Passt gut zu Kababs oder Fischküchlein und einem Chutney.

Info Ein echter Tandoor erreicht Temperaturen von 480°C. Die Kombination aus Gewürzmarinade und hohen Temperaturen geben dem Essen das typische Aroma. Der Joghurt schützt das Grillgut vor dem Austrocknen.

KÜRBISCURRY

कुम्हड़ा की सब्जी

Für 4 Portionen
Zubereitung: 25 Min.
Pro Portion ca. 315 kcal

1 Butternut-Kürbis
2 grüne Chilischoten
4 EL Ghee
1 TL Panch Phoron (siehe Tipp; indischer Laden)
Salz
1 TL gemahlene Kurkuma
200 ml Kokosmilch (80 %)
1 gestr. TL Speisestärke
1 EL Zucker

1 Kürbis schälen und von Fasern und Kernen befreien. Fruchtfleisch in 3 cm große Würfel schneiden und trocken tupfen. Chilis waschen und einmal der Länge nach einschneiden. Für weniger Schärfe längs halbieren und Stiele, Trennwände und Kerne entfernen.

2 Ghee in einer Pfanne erhitzen und Panch Phoron darin bei mittlerer Hitze 40 Sek. braten.

3 Die Chilischoten und die Kürbisstücke hinzufügen und ca. 8 Min. anbraten. Mit Salz und Kurkuma würzen. Die Hitze reduzieren. Kürbis zugedeckt im eigenen Saft bei kleiner Hitze dünsten, bis er fast gar ist.

4 Die Kokosmilch mit Speisestärke und Zucker anrühren und zum Kürbis in die Pfanne geben. Bei starker Hitze kurz aufkochen lassen, bis die Sauce eindickt und Öl an den Seiten hervortritt. Dazu schmecken Pooris, Chapati oder Basmati-Reis.

Tipp Panch Phoron besteht aus fünf Gewürzen: Kreuzkümmel-, Schwarzkümmel-, Bockshornklee-, Fenchel- und schwarzen Senfsamen. Die Samen werden im heißen Öl geröstet. Kaufen Sie kein gemahlenes Panch Phoron.

KARTOFFELN MIT BLUMENKOHL

आलू गोभी

Essen wie zu Hause: Diese leckere Kartoffelblumenkohlpfanne, auf Hindi Aloo Gobi, ist ein Alltime-Favorite, besonders im Punjab.

Für 4 Portionen
Zubereitung: 30 Min.
Pro Portion ca. 320 kcal

400 g Kartoffeln
400 g frischer Blumenkohl

FÜR DIE SAUCE
1 Zwiebel
1 Tomate
3 grüne Kardamomkapseln
6 EL Öl
2 EL Ghee
1 getrocknete rote Chilischote
1 indisches Lorbeerblatt
½ TL Kreuzkümmelsamen
1 TL gemahlene Kurkuma
Salz
2 EL Ingwer-Knoblauch-Paste
½ TL gemahlener Koriander
½ TL Kashmiri-Chilipulver (indischer Laden)
30 g Koriandergrün
1 TL Kasuri Methi (indischer Laden)
½ TL Garam Masala

1 Kartoffeln schälen und in Spalten schneiden. Gründlich mit kaltem Wasser abspülen. Gut abtropfen lassen. Blumenkohl in Röschen teilen, waschen und trocken tupfen.

2 Die Zwiebel schälen, halbieren und in 5 mm dicke Halbringe schneiden. Die Tomate waschen und fein hacken. Kardamomkapseln leicht einritzen.

3 3 EL Öl in einer Pfanne erhitzen. Blumenkohl darin ca. 7 Min. anbraten, bis er leichte Röstaromen entwickelt. Blumenkohl wieder herausnehmen und beiseitelegen.

4 Das übrige Öl und 2 EL Ghee in die Pfanne geben. Chili, Kardamomkapseln, Lorbeerblatt und Kreuzkümmel darin ca. 50 Sek. anbraten. Kartoffeln hinzufügen und ½ TL Kurkuma und Salz drüberstreuen. Nach 5 Min. die Kartoffeln herausnehmen und beiseitestellen.

5 Zwiebelringe in die Pfanne geben und glasig anbraten. Tomate, Ingwer-Knoblauch-Paste und alle gemahlenen Gewürze außer Garam Masala dazugeben. Ca. 3 Min. offen einkochen, bis das Öl an den Seiten hervortritt. Dabei mit dem Kochlöffel die Tomaten klein stampfen.

6 Kartoffeln und 50 ml Wasser dazugeben und zugedeckt 5 Min. bei mittlerer Hitze garen. Koriandergrün waschen, trocken schütteln und fein hacken.

7 Die Blumenkohlröschen und weitere ca. 50 ml Wasser dazugeben und zugedeckt weiterköcheln, bis der Blumenkohl fast gar ist. Kasuri Methi zerbröseln und mit Garam Masala sowie Koriandergrün unterheben. Herd ausschalten und noch 3 Min. ziehen lassen. Mit Chapati oder Basmati-Reis servieren.

CURRY MIT BABYKARTOFFELN

दम आलू

Dieses Rezept ist unter dem Namen Dum Aloo in ganz Indien beliebt. Das Geheimnis des Geschmacks liegt in der »Dum«-Methode: Die Zutaten köcheln ganz langsam in einem versiegelten Topf.

Für 4 Portionen
Zubereitung: 25 Min.
Kochzeit: 45 Min.
Pro Portion ca. 400 kcal

250 g Sahnejoghurt (10 % Fett)
800 g kleine festkochende Kartoffeln mit dünner Schale
2 rote Zwiebeln
1 Stück Ingwer (ca. 4 cm lang)
4 Knoblauchzehen
150 g passierte Tomaten
6 EL Öl
Salz
1 ⅓ TL gemahlene Kurkuma
1 indisches Lorbeerblatt
1 getrocknete rote Chilischote
2 grüne Kardamomkapseln
1 kleine Stange Cassia-Zimt (ca. 2 cm lang)
2 Nelken
1 TL Kreuzkümmelsamen
½ TL gemahlener Fenchel
½ TL gemahlener Koriander
1 TL Kashmiri-Chilipulver (indischer Laden)
1 ½ TL Kasuri Methi (indischer Laden)
½ TL Garam Masala

1 Joghurt mit 2 EL Wasser cremig rühren und auf Raumtemperatur bringen. Die Kartoffeln grob abbürsten und mit einem Spieß 4- bis 5-mal einstechen. Die Kartoffeln ca. 20 Min. vorgaren, bis sie bissfest sind.

2 Inzwischen die Zwiebeln, den Ingwer und den Knoblauch schälen, grob hacken und mit den passierten Tomaten zu einer Paste pürieren.

3 2 EL Öl in einem Topf erhitzen und die Kartoffeln darin bei mittlerer Hitze 5 Min. von allen Seiten scharf anbraten. Jeweils ⅓ TL Salz und Kurkuma dazugeben. Die Kartoffeln herausnehmen und beiseitestellen.

4 Das übrige Öl in den Topf geben. Lorbeer, getrocknete Chili, Kardamomkapseln, Zimt, Nelken und Kreuzkümmel hinzufügen und 50 Sek. rösten. Zwiebel-Ingwer-Knoblauch-Tomaten-Paste sowie Fenchel, Koriander und Kashmiri-Chilipulver dazugeben und ca. 5 Min. unter ständigem Rühren anbraten.

5 Den Topf kurz vom Herd nehmen und den Joghurt mit 350 ml warmem Wasser einrühren, bis eine gleichmäßige Sauce entsteht. Mit Salz abschmecken. Kartoffeln hineinlegen und bei fest geschlossenem Deckel und kleiner Hitze 25 Min. köcheln. Falls Dampf entweicht, den Topf mit Alufolie abdichten. Während des Garens den Deckel nicht mehr öffnen.

6 Zum Schluss Kasuri Methi zwischen den Händen zerreiben und mit Garam Masala unter das Curry rühren. 5 Min. zugedeckt ziehen lassen. Das Curry schmeckt besonders gut zu Pooris oder Chapati.

EIERCURRY MIT KARTOFFELN

ZUM VIDEO

मसाला अंडा आलू

Dieses Eiercurry ist ein Beispiel leckerer bengalischer Hausmannskost, die man recht selten in Restaurants finden wird. Traditionell kocht man es mit Enteneiern. Indrani hat es schon als Kind geliebt.

Für 4 Portionen
Zubereitung: 35 Min.

Pro Portion ca. 400 kcal

8 Eier (M)
4 Kartoffeln

FÜR DIE SAUCE

100 g Joghurt (3,5 % Fett)
150 g Zwiebeln
1 grüne Chilischote
6 EL Öl
1 ½ TL gemahlene Kurkuma
Salz
1 Stange Cassia-Zimt (ca. 7 cm lang)
5 grüne Kardamomkapseln
5 Nelken
½ TL Kreuzkümmelsamen
150 g gehackte Tomaten (Dose)
1 ½ EL Ingwerpaste
½ TL Kashmiri-Chilipulver (indischer Laden)
1 TL gemahlener Koriander
1 TL Speisestärke (nach Belieben)

1 Die Eier in einem Topf ca. 6 Min. wachsweich kochen, mit kaltem Wasser abschrecken. Joghurt bereitstellen.

2 Inzwischen die Zwiebeln schälen und fein hacken. Die Chili waschen und längs halbieren. Für weniger Schärfe Trennwände und Kerne entfernen. Die Kartoffeln schälen, quer halbieren, waschen und trocken tupfen.

3 3 EL Öl in einer Pfanne erhitzen. Kartoffeln darin bei mittlerer Hitze von allen Seiten ca. 6 Min. scharf anbraten und dabei ⅓ TL Kurkuma und 1 Prise Salz dazugeben. Kartoffeln herausnehmen und beiseitestellen.

4 Inzwischen die Eier schälen und mit 1 Prise Salz und Kurkuma gleichmäßig bestäuben. Die Eier vorsichtig von allen Seiten anbraten, bis eine leichte Kruste entsteht. Eier ebenfalls beiseitestellen.

5 Übriges Öl in die Pfanne geben. Zimt, Kardamom, Nelken und Kreuzkümmel hinzufügen und ca. 50 Sek. braten. Zwiebeln hinzufügen und glasig anbraten. Tomaten, Ingwerpaste, 1 TL Salz, Chili, Chilipulver sowie übrige Kurkuma und Koriander dazugeben. Einkochen, bis das Öl an den Seiten hervortritt. Joghurt einrühren und 200 ml Wasser dazugeben.

6 Kartoffeln wieder in die Sauce legen. Es sollte genug Flüssigkeit im Topf sein, damit die Kartoffeln bei geschlossenem Deckel ca. 30 Min. weitergaren können.

7 Sobald die Kartoffeln gar sind, Eier 1 Min. mitkochen. Sauce nach Belieben mit ca. 200 ml Wasser verdünnen und mit der Speisestärke binden. Herd ausschalten und zugedeckt ziehen lassen. Mit Basmati-Reis servieren.

GEMÜSE KORMA

वेज कोरमा

Ein Gemüsegericht mit lieblichem Aroma ohne Knoblauch und Zwiebeln. So wie man es auch in Tempeln bekommen würde. Cashews verleihen eine himmlisch cremige Konsistenz.

Für 4 Portionen
Zubereitung: 40 Min.
Pro Portion ca. 410 kcal

60 g Cashewkerne
1 grüne Papaya
200 g Möhren
2 Kohlrabi
1 Tomate
Salz
4 EL Ghee
1 Stange Cassia-Zimt (ca. 6 cm lang)
½ TL Fenchelsamen
1 TL Shahi Kala Jeera (indischer Laden)
2 ½ EL Ingwerpaste
½ TL Kurkuma
½ TL Kashmiri-Chilipulver (indischer Laden)
6 EL Rosinen
2 TL Zucker
⅓ TL gemahlener Kardamom
Cashewkerne zum Garnieren

....

Tipp Shahi Kala Jeera lässt sich durch ½ TL Kreuzkümmel- und ¼ TL Kümmelsamen ersetzen.

1 Die Cashewkerne in etwas Wasser einweichen. Die Papaya schälen, der Länge nach halbieren, entkernen und in 1,5 cm große Würfel schneiden. Möhren und Kohlrabi schälen und ebenfalls in 1,5 cm große Würfel schneiden. Tomate waschen und kreuzweise einschneiden.

2 1,5 l Wasser mit 1 TL Salz zum Kochen bringen. Papaya und Tomate dazugeben. Tomate nach 1 Min. herausholen, kalt abschrecken, häuten und klein hacken.

3 Papaya 5 Min. kochen. Möhren und Kohlrabi dazugeben. Nach weiteren 5 Min. das vorgegarte Gemüse abgießen. Den Fond auffangen. Cashewkerne mit 150 ml Gemüsefond zu einer Paste mixen.

4 Ghee in einer Pfanne erhitzen. Zimt, Fenchel und Shahi Kala Jeera darin bei mittlerer Hitze ca. 40 Sek. braten. Tomaten, Ingwerpaste, Kurkuma und Chilipulver dazugeben. 3 Min. einkochen, bis die Tomaten zerfallen. Das vorgegarte Gemüse hinzufügen und 2 Min. anbraten. Cashewpaste, Rosinen, 1 Prise Salz, Zucker und 400 ml Gemüsefond hinzufügen.

5 Offen ca. 8 Min. einkochen lassen, bis die gewünschte Konsistenz erreicht und das Gemüse gar ist.

6 Herd ausschalten, Kardamom unter das Korma rühren und 5 Min. in der Resthitze ziehen lassen. Vor dem Servieren bei Bedarf mit Gemüsefond verdünnen und mit ein paar ganzen Cashews garnieren. Dazu passt Naan oder Basmati-Reis.

OKRACURRY

भिण्डी मसाला

ZUM VIDEO

Für 4 Portionen
Zubereitung: 50 Min.
Pro Portion ca. 315 kcal

220 g Joghurt (3,5 % Fett)
800 g Okraschoten
2 Zwiebeln
3 grüne Chilischoten
6 EL Rapsöl
Salz
1 TL Kreuzkümmelsamen
40 g Ingwer-Knoblauch-Paste
½ TL Cayennepfeffer
1 TL edelsüßes Paprikapulver
1 gestr. TL gemahlener Fenchel
1 TL gemahlene Kurkuma
1 Dose gehackte Tomaten
50 g Sahne
3 TL Kasuri Methi (indischer Laden)
1 gestr. TL Garam Masala

1 Joghurt auf Raumtemperatur bringen. Die Okraschoten waschen und abtrocknen. Strunk abschneiden und Okras in ca. 3 cm große Stücke schneiden. Die Zwiebeln schälen und fein hacken. Chilischoten waschen. Für weniger Schärfe längs halbieren, Stiele, Trennwände und Kerne entfernen. Fein hacken.

2 3 EL Öl in einer großen Pfanne erhitzen, Okras nebeneinander in die Pfanne legen, mit 1 Prise Salz würzen und ca. 8 Min. bei mittlerer Hitze darin kross anbraten. Herausnehmen und beiseitestellen.

3 Das übrige Öl in der Pfanne erhitzen, Kreuzkümmel darin ca. 40 Sek. anrösten. Zwiebeln dazugeben und glasig anbraten. Ingwer-Knoblauch-Paste, gehackte Chilis, Pulvergewürze und Salz dazugeben. 20 Sek. mitbraten. Tomaten hinzufügen. Nach weiteren 3 Min. den Joghurt und die Sahne hinzufügen und 1 Min. rühren.

4 Saucengrundlage einkochen, bis das Öl an den Seiten hervortritt. Nun die Okras wieder dazugeben und bei kleiner Hitze 1 Min. mitköcheln. Herd ausschalten, Kasuri Methi darüberbröseln und Garam Masala unterrühren. Bei geschlossenem Deckel 3 Min. ziehen lassen. Als Beilage passen Chapati oder Basmati-Reis.

PALAK PANEER

पालक पनीर

ZUM VIDEO

Für 4 Portionen
Zubereitung: 25 Min.
Pro Portion ca. 615 kcal

400 g TK-Spinat
1 Tomate
1 Zwiebel
½ TL Koriandersamen
5 EL Öl
500 g Paneer (indischer Laden)
1 Prise Knoblauchpulver
1 Prise Kashmiri-Chilipulver (indischer Laden)
½ TL Kreuzkümmelsamen
1 indisches Lorbeerblatt
50 g Ingwer-Knoblauch-Paste
½ TL Garam Masala
1 EL Kasuri Methi (indischer Laden)
1 EL Sahnejoghurt (10 % Fett)
Salz
Speisestärke (nach Belieben)

1 Den Spinat auftauen und fein pürieren. Die Tomate kreuzweise einritzen und 1 Min. mit kochendem Wasser überbrühen. Tomate kalt abschrecken, häuten, Stielansatz entfernen und hacken. Zwiebel schälen und fein hacken. Koriandersamen leicht zerstoßen.

2 2 EL Öl in einer beschichteten Pfanne erhitzen. Paneer in mundgerechte Würfel schneiden und mit Knoblauch- und Chilipulver würzen. Paneer bei mittlerer Hitze von allen Seiten goldgelb braten und beiseitestellen.

3 3 EL Öl in die Pfanne geben. Zerstossenen Koriander, Kreuzkümmel und Lorbeerblatt ca. 50 Sek. braten, bis das Aroma sich entfaltet hat. Zwiebeln hinzufügen und glasig braten. Tomate, Ingwer-Knoblauch-Paste und Garam Masala hinzufügen und 2 Min. mitbraten. Pürierten Spinat einrühren. Kasuri Methi zwischen den Händen zerbröseln und dazugeben.

4 Die Sauce mit Salz und Sahnejoghurt abschmecken und nach Belieben mit Speisestärke binden. Herd ausschalten, Paneer in die Sauce geben und in der Resthitze 5 Min. ziehen lassen. Mit Basmati-Reis, Naan oder Chapati servieren.

PANEER MIT INGWER UND KOKOS

अदरक और नारियल के पनीर

No Onion, no Garlic please! Oftmals wird bewusst auf diese beiden Zutaten verzichtet. Es heißt, Knoblauch und Zwiebeln sollen Ignoranz und Begierde des Geistes steigern. Als Ersatz nimmt man häufig Hing, auch Asafoetida genannt.

Für 4 Portionen
Zubereitung: 30 Min.
Pro Portion ca. 920 kcal

500 g Paneer (indischer Laden)
3 Tomaten
1 Stück Ingwer (ca. 4 cm lang)
6 EL Ghee
2 getrocknete rote Chilischoten
1 indisches Lorbeerblatt
⅓ TL Fenchelsamen
⅓ TL Kreuzkümmelsamen
⅓ TL Schwarzkümmelsamen
½ TL Hing (Asafoetida; indischer Laden)
½ TL gemahlene Kurkuma
½ TL gemahlener Koriander
400 ml Kokosmilch (80 %)
Salz
1 TL Zucker
1 TL Speisestärke (nach Belieben)
75 g TK-Erbsen
frische dünne Ingwerstreifen und Koriandergrün zum Garnieren

....

Info Hing ist ein Baumharz mit starkem Geruch. Häufig kommt es zum Einsatz, wenn in einem Gericht weder Zwiebeln noch Knoblauch verwendet werden.

1 Paneer in mundgerechte Stücke schneiden. Tomaten kreuzweise einritzen und 1 Min. mit kochendem Wasser überbrühen. Kalt abschrecken, häuten, den Stielansatz entfernen und hacken.

2 Den Ingwer schälen, halbieren und zu einer feinen Paste zerreiben.

3 3 EL Ghee in einer beschichteten Pfanne erhitzen. Paneer darin bei mittlerer Hitze goldgelb anbraten und beiseitestellen. (Selbst gemachten Paneer immer vorher anbraten, damit er in der Sauce die Form behält.)

4 Übriges Ghee in die Pfanne geben. Chilischoten, Lorbeerblatt, Fenchel, Kreuzkümmel und Schwarzkümmel 30 Sek. darin braten. Hing hinzufügen und 20 Sek. mitbraten. Tomaten, Ingwerpaste, Kurkuma und gemahlenen Koriander dazuzugeben und einkochen lassen, bis das Öl an den Seiten hervortritt und die Tomaten komplett zerfallen sind.

5 Kokosmilch einrühren und die Sauce mit Salz und Zucker abschmecken. Weitere 3 Min. kochen. Nach Belieben 2 EL Wasser mit 1 TL Speisestärke vermischt in die Sauce geben, um sie anzudicken.

6 Herd ausschalten. Paneer und Erbsen hinzufügen und 5 Min. in der Resthitze ziehen lassen. Mit Ingwerstreifen und Koriander garnieren. Schmeckt zu Basmati-Reis. Wer Chapati bevorzugt, dickt die Sauce noch mehr ein.

GEFÜLLTE ZUCCHINI

भरवां तोरई

Hier ersetzt Zucchini die Luffagurke, die in Indien als Gemüse gegessen wird und ebenfalls zu den Kürbisgewächsen zählt. Gefüllt haben wir sie auf bengalische Art, wo sehr gerne Kokos mit Senf kombiniert wird. Schmeckt auch als Beilage zu gegrilltem Fisch.

Für 4 Portionen
Zubereitung: 25 Min.
Pro Portion ca. 260 kcal

4 grüne Chilischoten
120 g Kokosnussfleisch (frisch oder TK; Asienladen)
2 große Zucchini (800 g)
2 TL Senf alter Art (gut sortierter Supermarkt; siehe Tipp)
Salz
1 TL Zucker
1 TL gemahlene Kurkuma
1 EL Kichererbsenmehl
4 EL Rapsöl

....

Tipp Senf nach alter Art ist körniger Senf mit braunen und gelben Senfkörnern ohne weitere Zusatzstoffe und Gewürze. Es gibt verschiedene Anbieter. Produkte bevorzugen, bei denen Senf ganz vorne auf der Zutatenliste steht und möglichst wenig Essig enthalten ist.

1 Den Backofen auf 180° vorheizen. Die grünen Chilis waschen, halbieren und entkernen. Kokosnussfleisch fein raspeln. Zucchini waschen, abtrocknen und der Länge nach halbieren. Die Hälften nochmals quer teilen. Jedes Zucchinistück aushöhlen, bis nur noch ein ca. 8 mm dicker Rand stehen bleibt.

2 Das Zucchinifleisch mit den grünen Chilis, dem Senf, Salz, Zucker, Kurkuma und Kichererbsenmehl in einen hohen Rührbecher füllen und fein pürieren. Ein Drittel der Kokosnussraspel unterheben.

3 Eine Pfanne mit 2 EL Öl erhitzen und die ausgehöhlten Zucchinistücke darin von jeder Seite 2 Min. anbraten. Leicht hin und her schwenken. Herausnehmen und auf Küchenpapier entfetten.

4 In derselben Pfanne das Püree bei mittlerer Hitze 2 Min. anbraten. Eventuell noch etwas Öl hinzufügen. Zucchinihälften mit dem Püree füllen und mit den restlichen Kokosraspeln bedecken.

5 Im Ofen (Mitte) ca. 15 Min. backen, bis die Kokosraspel an der Oberfläche goldgelb sind. Mit Lieblings-Dal und Basmati-Reis servieren.

KARTOFFELPFANNE FÜR DOSA

डोसा के लिए आलू मसाला

Für 4 Portionen
Zubereitung: 25 Min.
Pro Portion ca. 295 kcal

6 mehligkochende Kartoffeln
1 rote Zwiebel
1 Stück Ingwer (ca. 2,5 cm lang)
40 g Cashewkerne
½ TL schwarze Pfefferkörner
2 grüne Chilischoteschoten
4 EL Kokosöl
½ TL Kreuzkümmelsamen
1 gestr. TL schwarze Senfsamen
10 frische Curryblätter (indischer Laden)
½ TL gemahlene Kurkuma
Salz
4 Stängel Koriandergrün
2 TL Tamarindenpaste (70 %; kein Konzentrat; Asienladen)

1 Die Kartoffeln schälen und garen. Inzwischen Zwiebeln schälen und in dünne Halbringe schneiden. Ingwer schälen und fein hacken. Cashewkerne und Pfeffer im Mörser grob zerstoßen. Chilis waschen. Für weniger Schärfe längs halbieren, Stiele, Trennwände und Kerne entfernen. Fein hacken.

2 Gegarte Kartoffeln in 2,5 cm große Würfel schneiden. Kokosöl in der Pfanne erhitzen. Kreuzkümmel- und Senfsamen darin bei mittlerer Hitze 50 Sek. braten. Sobald die Senfkörner zu springen beginnen, Ingwer, zerstossenen Pfeffer, Cashewkerne, Curryblätter und Chilis hinzufügen. 1 Min. mitbraten. Die Zwiebelringe hinzufügen und 2 Min. weiterbraten.

3 Kartoffeln, Kurkuma und Salz dazugeben und von allen Seiten 2 Min. braten. 150 ml Wasser dazugeben und 5 Min. einkochen lassen. Koriander waschen, trocken schütteln und fein hacken. Mit Tamarindenpaste abschmecken, Koriander aufstreuen. Wer es noch schärfer mag, schneidet eine weitere grüne Chili hinein.

Tipp Dieses Rezept ist eine tolle Füllung für südindische Dosa. Kartoffeln leicht stampfen und rohe rote Zwiebeln unterheben.

INSTANT DOSA

इंस्टेंट डोसा

Für 8 Stück
Zubereitung: 35 Min.
Pro Stück ca. 250 kcal

FÜR DEN TEIG

150 g Reismehl
50 g Urid Linsenmehl (ersatzweise rotes Linsenmehl; Bioladen)
3 EL Hartweizengrieß
80 g kräftiger Joghurt (3,5 % Fett)
1 gestr. TL gemahlene Bockshornkleesamen (türkischer Laden)
Salz
2 gestr. TL Backpulver
2 EL Zitronensaft
Ghee zum Bestreichen

AUSSERDEM

Crêpespfanne (alternativ Gusseisenpfanne oder Pfanne mit Antihaftbeschichtung)

1 Reis- und Linsenmehl, Grieß, Joghurt, Bockshornklee, ½ TL Salz und 380 ml Wasser zu einem glatten Teig verrühren. Zugedeckt 15 Min. ruhen lassen.

2 Eine Pfanne bei mittlerer Hitze heiß werden lassen. Inzwischen Backpulver und Zitronensaft in den Teig rühren. Ca. 85 g Teig in die Mitte der Pfanne geben und mit der Unterseite eines Metalllöffels den Teig spiralförmig von innen nach außen in der Pfanne verteilen. Ist die Pfanne zu heiß (über 150°), beginnt der Teig zu stocken und lässt sich nicht mehr verteilen.

3 Sobald der Teig verteilt ist, die Temperatur erhöhen. Nach ca. 1 Min., wenn der Teig oberflächlich gestockt ist, reichlich Ghee auf dem Teig sowie an den Seiten verteilen. Nach ca. 2 Min. lässt sich das Dosa einfach mit einem Pfannenwender lösen und hat einige goldbraune Stellen. Dosa wird nicht gewendet. Wahlweise wird das Dosa gefüllt oder aufgerollt.

4 Bevor das nächste Dosa geformt wird, Pfanne kurz vom Herd nehmen. Überschüssiges Fett mit einem Küchenpapier abwischen und mit 2 EL Wasser die Temperatur der Pfanne kurzzeitig reduzieren. Mit einem Tuch nachwischen. Nacheinander 8 Dosa zubereiten. Dazu passen Chutneys und eine würzige Kartoffelfüllung.

HIRSE-LINSEN-EINTOPF MIT GEMÜSE

बाजरे की खिचड़ी

Khichdi ist eine Art Linseneintopf und das Comfort Food Indiens. Jede Region hat ihre eigene Abwandlung. Das Ziel ist das Gleiche: Den Körper wieder ins Gleichgewicht bringen.

Für 4 Portionen
Zubereitung: 45 Min.
Einweichzeit: 12 Std.
Pro Portion ca. 405 kcal

100 g Hirse
100 g Mung Dal (geschält und halbiert; Asienladen)
1 kleines Stück Ingwer (ca. 6 cm lang)
1 Zwiebel
2 Möhren
200 g Prinzess-Bohnen
½ TL schwarze Pfefferkörner
1 Tomate
4 EL Ghee
1 TL Kreuzkümmelsamen
½ TL schwarze Senfsamen
2 EL Kokosflocken
¼ TL Cayennepfeffer
¼ TL edelsüßes Paprikapulver
½ TL gemahlener Koriander
1 TL gemahlene Kurkuma
Salz

1 Hirse über Nacht und Mung Dal 30 Min. einweichen. In ein Sieb abgießen, Einweichwasser wegschütten.

2 Den Ingwer mit einem Löffel grob abschaben und fein reiben. Zwiebel und Möhren schälen und fein hacken. Die Prinzess-Bohnen waschen, putzen und hacken. Den Pfeffer im Mörser grob zerstoßen.

3 Die Tomate kreuzweise einritzen und 1 Min. mit kochendem Wasser überbrühen. Kalt abschrecken, häuten, Stielansätze entfernen und die Tomate hacken.

4 Ghee in einem Topf erhitzen. Kreuzkümmel und Senf darin bei mittlerer Hitze ca. 40 Sek. braten, bis die Senfsamen zu springen beginnen. Zerstossenen Pfeffer und Zwiebeln hinzufügen. Braten, bis die Zwiebeln glasig sind. Ingwer und Kokosflocken dazugeben und kurz mitbraten. Zuletzt Cayennepfeffer, Paprikapulver, Koriander und Kurkuma mit 3 EL warmem Wasser hinzufügen und ca. 30 Sek. braten.

5 Mung Dal sowie 1 l heißes Wasser hinzufügen und zugedeckt 15 Min. garen. Hirse, Möhren und Tomaten hinzufügen. Mit Salz abschmecken.

6 Nach 5 Min. die Bohnen hinzufügen, Hitze reduzieren und zugedeckt bei mittlerer Hitze weitere 10–12 Min. köcheln lassen. Währenddessen nicht mehr umrühren. Hirse-Linsen-Eintopf heiß servieren. Als Kontrast würzige indische Pickles anbieten.

KICHERERBSEN AUF BENGALISCHE ART

बंगाली छोले

Ein Kichererbsen-Curry, das auf der Zunge zergeht. Am liebsten esse ich es mit einem Spritzer Zitronensaft und einer frischen grünen Chili. Dann kann mich nichts mehr aus der Ruhe bringen. Eignet sich auch sehr gut zum Einfrieren.

Für 4 Portionen
Zubereitung: 50 Min.
Pro Portion ca. 315 kcal

2–3 Kartoffeln
100 g gelbe Linsen
400 g gegarte Kichererbsen

FÜR DIE SAUCE
4 EL Kokosöl
1 getrocknete rote Chilischote
1 Stange Cassia-Zimt (ca. 4 cm lang)
4 Nelken
4 grüne Kardamomkapseln
Salz
1 ⅓ TL gemahlene Kurkuma
150 g passierte Tomaten
1 ½ EL Ingwerpaste
1 TL gemahlener Koriander
1 TL gemahlener Kreuzkümmel
1 TL Zucker
½ TL Garam Masala

ZUM GARNIEREN
gehackte rote Zwiebel
Koriandergrün
8 Kirschtomaten
1 grüne Chilischote
1 EL Zitronensaft

1 Die Kartoffeln schälen, in 1,5 cm große Stücke schneiden und waschen. In einem Sieb abtropfen lassen.

2 Das Kokosöl in einer Pfanne erhitzen. Chili, Zimt, Nelken und Kardamomkapseln darin bei mittlerer Hitze 50 Sek. braten. Kartoffeln dazugeben. 1 Prise Salz und ⅓ TL Kurkuma darüberstreuen. Kartoffeln ca. 4 Min. braten.

3 Passierte Tomaten, Ingwerpaste, übrige Kurkuma, gemahlenen Koriander und Kreuzkümmel dazugeben und ca. 3 Min. braten.

4 Gelbe Linsen und 400 ml heißes Wasser hinzufügen. Hitze reduzieren und alles zugedeckt bei mittlerer Hitze ca. 15 Min. köcheln lassen.

5 Kichererbsen, Salz und Zucker mit 200 ml heißem Wasser hinzufügen und 7 Min. bei geschlossenem Deckel köcheln lassen.

6 Garam Masala untermischen und alles in der Resthitze 10 Min. ziehen lassen. Curry in Schälchen anrichten. Mit fein geschnittenen Zwiebeln, Koriandergrün, halbierten Kirschtomaten, grüner Chili und etwas frischem Zitronensaft garnieren. Dazu schmecken Pooris sehr gut.

KIDNEYBOHNENCURRY

राजमा

ZUM VIDEO

Indranis Familie hat immer einen Zwischenstopp in Neu Delhi eingelegt und ihre Punjabi Freunde besucht. So hat sie von klein auf Rajma, ein Curry aus Kidneybohnen, kennen- und lieben gelernt.

Für 4 Portionen
Zubereitung: 40 Min.
Pro Portion ca. 420 kcal

3 Dosen Kidneybohnen (à 255 g Abtropfgewicht)
3 rote Zwiebeln
2 grüne Chilischoten
½ TL schwarze Pfefferkörner
3 grüne Kardamomkapseln
6 EL Rapsöl
1 indisches Lorbeerblatt (nach Belieben)
1 Stange Cassia-Zimt (ca. 10 cm lang)
1 schwarze Kardamomkapsel
1 ½ TL Kreuzkümmelsamen
1 gestr. TL gemahlener Koriander
1 TL gemahlene Kurkuma
½ TL Kashmiri-Chilipulver (indischer Laden)
2 EL Ingwer-Knoblauch-Paste
1 ½ Dosen stückige Tomaten (600 g)
Salz
3 TL Kasuri Methi (indischer Laden)
½ TL Garam Masala
½ TL Amchoor (nach Belieben; indischer Laden)
Koriandergrün zum Garnieren

1 Kidneybohnen in eine Sieb füllen, abspülen und abtropfen lassen. Zwiebeln schälen. ½ Zwiebel in feine Ringe schneiden, den Rest fein hacken. Chilis waschen. Für weniger Schärfe Chilis längs halbieren, Stiele, Trennwände und Kerne entfernen. Fein hacken. Pfefferkörner im Mörser grob zerstoßen. Die grünen Kardamomkapseln leicht einritzen.

2 Das Öl in einem Topf erhitzen. Lorbeerblatt, Zimt, Kardamomkapseln, Kreuzkümmel und zerstossenen Pfeffer darin bei mittlerer Hitze ca. 50 Sek. braten. Gehackte Zwiebeln und die Hälfte der Chilis hinzufügen und braten, bis die Zwiebeln glasig sind.

3 Koriander, Kurkuma, Kashmiri-Chilipulver sowie Ingwer-Knoblauch-Paste hinzufügen und 1 Min. braten.

4 Tomaten hinzufügen und ca. 7 Min. unter ständigem Rühren einkochen, bis das Öl an den Seiten hervortritt und die Tomaten komplett zerfallen sind.

5 Kidneybohnen hinzufügen, salzen, Hitze reduzieren und alles zugedeckt bei mittlerer Hitze 15 Min. köcheln. Bei Bedarf Wasser hinzufügen. Die Konsistenz ähnelt einem Chili con Carne.

6 Den Herd ausschalten. Kasuri Methi zwischen den Händen zerreiben und mit dem Garam Masala unter die Kidneybohnen heben. Für eine säuerliche Note nach Belieben Amchoor hinzufügen. Zugedeckt 10 Min. in der Resthitze ziehen lassen. Mit Koriandergrün, restlichen grünen Chilis und roten Zwiebelringen garnieren. Dazu passt Basmati-Reis.

DAL – UNSER TÄGLICH BROT

Je nach Zusammensetzung der Tarka, des Gewürzöls, schmeckt Dal jedes Mal anders. Bazaare sind in Indien auch heute noch beliebter als Supermärkte (rechts).

Dal Bhat ist das Nationalgericht Nepals und auch aus dem indischen Speiseplan nicht wegzudenken. Was sich für europäische Ohren nach einem raffinierten exotischen Genuss anhören mag, übersetzt sich relativ unspektakulär zu Reis und Linsen. Wer aber denkt, dass diese eher bescheidene Kombination recht langweilig daherkommt, könnte falscher nicht liegen.

Dals kann man in unendlichen Variationen kochen. Fangen wir bei der Wahl der verwendeten Hülsenfrüchte an. Über 50 verschiedene Arten gedeihen in den verschiedenen Klimazonen Indiens. Gelbe, grüne, rote Linsen, Erbsen, Kidneybohnen, Kichererbsen – die Liste lässt sich endlos fortsetzen. Als nächstes kommt die Konsistenz. Genießt man sein Dal leicht wie eine Suppe oder als kräftigen Eintopf? Oder bevorzugt man die cremige und üppige Qualität des berühmten Dal Makhani? Sind die Linsen Star der Show oder kombiniert man sie mit frischem Gemüse, fruchtig-säuerlichen grünen Mangos oder sogar mit Geflügel oder Fleisch?

Abgerundet wird das Dal jedenfalls mit einer Tarka, einem frisch hergestellten Gewürzöl, das noch heiß über das Dal gegossen wird. Das brutzelnde Geräusch, das dabei entsteht, lässt jedem Inder das Wasser im Mund zusammenlaufen.

DAL MAKHANI

दाल मखनी

Für 4 Portionen
Zubereitung: 25 Min.
Einweichzeit: 12 Std.
Kochzeit: 1 Std. 45 Min.
Pro Portion ca. 405 kcal

120 g ganze, ungeschälte Urid-Bohnen (indischer Laden)
1 Zwiebel
1 große Tomate
8 schwarze Pfefferkörner
100 g Kidneybohnen (aus der Dose)
4 EL Rapsöl
1 Stange Cassia-Zimt (ca. 7 cm lang)
½ TL Bockshornkleesamen
1 gestr. TL Kreuzkümmelsamen
2 EL Ingwer-Knoblauch-Paste
1 EL Tomatenmark
1 TL gemahlene Kurkuma
½ TL Cayennepfeffer
1 TL edelsüßes Paprikapulver
1 ½ TL Garam Masala
50 g gelbe Linsen
1 grüne Chilischote
Salz
1 TL Kasuri Methi (indischer Laden)
50 g Sahne
30 g Butter

....

Tipp Mit einem Schnellkochtopf ist das Dal in 30 Min. fertig. Wenn es einen Tag durchgezogen hat, schmeckt es sogar noch besser.

1 Urid-Bohnen über Nacht einweichen. Am nächsten Tag Bohnen abgießen und Einweichwasser wegschütten.

2 Die Zwiebel schälen und fein hacken. Die Tomate vierteln, Stielansätze entfernen. Die Pfefferkörner in einem Mörser grob zerstoßen. Die Kidneybohnen abgießen und abtropfen lassen. 1 l heißes Wasser vorbereiten.

3 Das Öl in einem Topf erhitzen. Zimt, Bockshornklee- und Kreuzkümmelsammen darin bei mittlerer Hitze 40 Sek. braten. Zwiebeln hinzufügen und glasig braten. Ingwer-Knoblauch-Paste, Tomate, Tomatenmark, Kurkuma, Cayennepfeffer, Paprikapulver, Pfeffer sowie 1 TL Garam Masala dazugeben und ca. 3 Min. dünsten. Die Tomatenhaut mit einer Gabel abziehen und entfernen.

4 100 ml heißes Wasser zur Masala-Grundlage gießen und alles weitere 4 Min. köcheln lassen, bis die Tomaten komplett zerfallen sind und Öl an den Seiten hervortritt.

5 Urid-Bohnen, gelbe Linsen sowie 900 ml heißes Wasser in den Topf geben. Die Linsen zugedeckt bei mittlerer Hitze 1 Std. 30 Min. garen. Die Linsen sollten leicht zerfallen, damit das Dal sämig wird. Für eine schönere Konsistenz einen Teil der Linsen pürieren.

6 Die grüne Chili waschen, längs halbieren und Stiel, Trennwände und Kerne entfernen. Zusammen mit den Kidneybohnen in das Dal geben. Mit 1 TL Salz würzen. Dal weitere 10 Min. köcheln lassen.

7 Herd ausschalten. Kasuri Methi zwischen den Händen zerreiben und zusammen mit dem übrigen Garam Masala unter das Dal rühren. Dal Makhani mit Sahne und Butter abrunden. In der Resthitze 5 Min. ziehen lassen. Zu diesem Dal passt Chapati sehr gut.

DAL MIT GRÜNER MANGO

कच्चे आम की दाल

Für 4 Portionen
Zubereitung: 45 Min.
Pro Portion ca. 295 kcal

200 g unreife grüne Mango
100 g rote Linsen
100 g Mung Dal (geschält und halbiert; Asienladen)
Salz
1 TL gemahlene Kurkuma
4 EL Senföl (ersatzweise Rapsöl)
1 indisches Lorbeerblatt
1 rote getrocknete Chilischote
½ TL schwarze Senfsamen
1 TL Zucker
Koriandergrün zum Garnieren

1 Mango schälen und das Fruchtfleisch auf beiden Seiten vom Stein schneiden. Mango in 1 cm dicke Spalten schneiden. Linsen und Mung Dal gründlich waschen.

2 Linsen mit 800 ml Wasser zum Kochen bringen und den Schaum abschöpfen. 1 TL Salz und Kurkuma hinzufügen und alles 25 Min. bei mittlerer Hitze und halb geöffnetem Deckel garen, bis die Linsen leicht zerfallen.

3 Senföl in einem weiteren Topf erhitzen, Lorbeerblatt, rote Chili und Senfsamen dazugeben und bei mittlerer Hitze kurz anbraten. Sobald die Senfsamen zu springen beginnen, die Mangospalten hinzufügen und 5 Min. bei mittlerer Hitze braten.

4 Die gekochten Linsen vorsichtig dazuschütten (Achtung heiß!). Ca. 200–250 ml heißes Wasser hinzufügen, bis die gewünschte Konsistenz erreicht ist. Weitere 5 Min. bei kleiner Hitze köcheln lassen. Einige gekochte Mangospalten herausnehmen, mit einem Löffel zu Brei zerdrücken und wieder unter das Dal rühren. Mit Zucker abschmecken und mit frischem Koriandergrün garnieren. Dazu passt Basmati-Reis.

TOMATEN-DAL

टमाटर दाल

Für 4 Portionen
Zubereitung: 45 Min.
Pro Portion ca. 330 kcal

2 Tomaten
1 Zwiebel
1 Knoblauchzehe
1 Stück Ingwer
(ca. 4 cm lang)
1 grüne Chilischote
200 g Toor Dal (indischer Laden; ersatzweise gelbe Linsen)
1 TL gemahlene Kurkuma
1 TL Kashmiri-Chilipulver
(indischer Laden)
Salz
4 ½ EL Rapsöl
2 getrocknete rote Chilischoten
1 TL Kreuzkümmelsamen
½ TL schwarze Senfsamen
⅓ TL Bockshornkleesamen
10 frische Curryblätter
(indischer Laden)
2 TL Tomatenmark

1 Tomaten waschen, Stielansatz entfernen und grob hacken. Zwiebel, Knoblauch und Ingwer schälen und fein hacken. Grüne Chili waschen. Für weniger Schärfe längs halbieren, Stiele, Trennwände und Kerne entfernen.

2 Toor Dal gründlich waschen und mit 500 ml Wasser zum Kochen bringen. Schaum abschöpfen. Linsen bissfest garen. Gehackte Tomaten, Kurkuma, ½ TL Kashmiri-Chilipulver, 1 TL Salz, ½ EL Öl und weitere 300 ml heißes Wasser unterrühren. 15 Min. bei halb geöffnetem Deckel köcheln, bis die Linsen zerfallen sind.

3 Einen zweiten Topf mit dem übrigen Öl erhitzen. Rote Chilischoten ca. 15 Sek. braten. Kreuzkümmel, schwarze Senf- und Bockshornkleesamen hinzufügen und weitere 15 Sek. braten. Zwiebeln, Curryblätter und grüne Chili hinzufügen und ca. 1 Min. anbraten. Zuletzt Knoblauch, Ingwer, Tomatenmark und übriges Kashmiri-Chilipulver dazugeben und 1 Min. mitbraten.

4 Die gegarten Linsen unterrühren und 2 Min. sanft köcheln. Dazu schmeckt Basmati-Reis.

....

Info Die roten Chilis werden zum Aromatisieren ins heiße Öl gegeben.

SPINAT-DAL

दाल पालक

Für 4 Portionen
Zubereitung: 30 Min.
Pro Portion ca. 290 kcal

80 g rote Linsen
120 g Mung Dal (geschält und halbiert; Asienladen)
1 Tomate
4 EL Rapsöl
2 rote getrocknete Chilischoten
½ TL Bockshornkleesamen
1 TL Kreuzkümmelsamen
½ TL Hing (Asafoetida; indischer Laden)
1 TL gemahlene Kurkuma
1 EL Ingwerpaste (Asienladen)
200 g TK-Spinat
Salz
1 gestr. TL Amchoor (indischer Laden; alternativ 1 EL Zitronensaft)

....

Tipp Bockshornkleesamen beim Braten nie zu dunkel werden lassen: Sie werden sonst bitter. Sobald die Samen leicht Farbe angenommen haben, direkt die nächsten Zutaten hinzufügen, um die Temperatur der Pfanne zu senken.

1 Die Linsen und Mung Dal in ein Sieb geben, mit kaltem Wasser abspülen und abtropfen lassen. Die Tomate kreuzweise einritzen und 1 Min. mit kochendem Wasser überbrühen. Kalt abschrecken, Stielansatz entfernen und häuten. Die Tomate hacken.

2 Linsen, Mung Dal und 500 ml Wasser in einen Topf füllen, Deckel halb auflegen und die Linsen zum Kochen bringen. Den Schaum abschöpfen.

3 350 ml heißes Wasser hinzufügen und alles bei mittlerer Hitze und halb geöffnetem Deckel ca. 20 Min. garen, bis die Linsen zerfallen. Kurz abkühlen lassen und mithilfe eines Pürierstabs leicht pürieren.

4 Inzwischen das Öl in einer Pfanne erhitzen. Chilischoten, Bockshornklee- und Kreuzkümmelsamen darin bei mittlerer Hitze anbraten. Sobald die Chilischoten und der Bockshornklee zu bräunen beginnen, Hing und gehackte Tomate hinzufügen. 1 Min. braten, dann Kurkuma und Ingwerpaste dazugeben.

5 Nach 3–5 Min., sobald die Gewürzgrundlage zu glänzen beginnt und das Öl an den Seiten heraustritt, den Spinat hinzufügen. Mit Salz würzen. Deckel auflegen und bei mittlerer Hitze köcheln lassen, bis der Spinat vollkommen aufgetaut ist. Den Deckel abnehmen und weiterköcheln, bis die überschüssige Flüssigkeit verdampft ist.

6 Den gewürzten Spinat unter die fertig gegarten Linsen heben und mit Amchoor abschmecken. Am besten passt dazu Basmati- oder Langkornreis.

BROT & REIS

Die Tradition von Brot und Reis in Indien begann schon vor über 4000 Jahren bei der Zivilisation des Industals. Über die Jahrtausende wurden die Rezepte immer raffinierter, aber einige Grundrezepte wie Chapati werden auch heute noch fast unverändert gegessen.

CHAPATI

चपाती

ZUM VIDEO

Die dünnen Fladen werden besonders gerne im Norden Indiens gegessen. Dort kommen sie mehrmals die Woche auf den Tisch. Auch wir sind große Fans. Der Teig ist sehr einfach, aber das Ausrollen und Backen braucht etwas Übung. Also nicht gleich aufgeben!

Für 8 Stück
Zubereitung: 45 Min.
Pro Stück ca. 165 kcal

1 EL Ghee
Salz
250 g Atta Mehl (indischer Laden; ersatzweise Weizenmehl, Type 1050)

AUSSERDEM
Mehl zum Arbeiten
weiches Baumwolltuch
Ghee zum Bestreichen

....

Tipp Sollten die Chapatis partout nicht aufgehen, klappt vielleicht folgender Trick: Eine zweite Herdplatte erhitzen und einen Grillrost darauflegen. Zwischen Herdplatte und Rost sollte 1–2 cm Abstand liegen. Nachdem ein Chapati in der Pfanne angebacken wurde (Step 3), den Fladen direkt auf den Rost legen. So bekommt das Chapati kurzzeitig konzentrierte Hitze ab und bläht sich schneller auf, ohne trocken zu werden.

1 In einer Schüssel Ghee, ½ TL Salz und Mehl 2 Min. vermischen. Nach und nach 190 ml warmes Wasser hinzufügen (ca. 160 ml wenn man Weizenmehl verwendet) und ca. 8 Min. kneten, bis der Teig nicht mehr an den Händen klebt. Den Teig 20 Min. zugedeckt ruhen lassen.

2 Eine Pfanne ohne Öl erhitzen. Den Teig nochmals 1 Min. durchkneten. In 8 gleich große Stücke teilen und zu Kugeln rollen. Jeweils 1 Teigkugel leicht in Mehl wälzen und auf einer mit Mehl bestäubten Fläche zu einem runden Fladen von ca. 17–18 cm Ø ausrollen. 2 Fladen hintereinander ausrollen. Die restlichen Teigkugeln abdecken, damit sie nicht austrocknen. Nicht aufeinander stapeln.

3 Überschüssiges Mehl abklopfen. Fladen bei 230–250° in die heiße Pfanne legen. Nach ca. 40 Sek. wenden (sobald sich erste Bläschen bilden und der Fladen gleichmäßig bräunt) und 20 Sek. von der anderen Seite backen. Dabei den Fladen mit einem weichen Baumwolltuch mit sanftem Druck in der Pfanne rotieren.

4 Sobald der Fladen auf einer Seite aufgeht, mithilfe eines Pfannenwenders die Luft gleichmäßig und mit leichtem Druck verteilen (siehe Tipp). Ist die Pfanne nicht heiß genug, geht der Fladen nicht richtig auf. Ist sie zu heiß, verbrennen die Chapatis. Jedes Chapati braucht ca. 1 ½ Min. Backzeit. Fertige Fladen mit etwas Ghee bestreichen und zugedeckt warm halten.

5 Vor jedem neuen Backvorgang die Pfanne einmal auswischen und Mehlreste entfernen. Chapati schmeckt zu nordindischen Rezepten wie Chicken Palak, Blumenkohl-Kartoffel-Curry und Dal Makhani.

NAAN

नान

Für 8 Stück
Zubereitung: 50 Min.
Gehzeit: 2 Std.
Pro Stück ca. 155 kcal

½ Päckchen Trockenhefe
2 TL Zucker
2 EL Ghee
3 EL Joghurt (3,5 % Fett)
250 g Mehl (Type 405)
Salz
fein gehackter Knoblauch (nach Belieben)
Schwarzkümmelsamen (nach Belieben)

AUSSERDEM
Mehl zum Arbeiten

1 Hefe, Zucker und 100 ml lauwarmes Wasser in einer Schüssel verrühren und 10 Min. gehen lassen. Inzwischen Ghee lauwarm zerlassen und Joghurt auf Raumtemperatur bringen.

2 Ghee, Joghurt und Mehl zum Vorteig geben und 8–10 Min. mit den Knethaken des Handrührgeräts verkneten, bis ein geschmeidiger feuchter Teig entsteht. Die Schüssel mit einem feuchten Tuch abdecken und 2 Std. an einem warmen Ort gehen lassen.

3 1 TL Salz unter den Teig kneten. In 8 gleich große Portionen teilen und zu Kugeln formen. Mit einem feuchten Tuch abdecken, damit die Teigkugeln nicht austrocknen.

4 Eine Pfanne ohne Öl erhitzen. Teiggkugeln nacheinander zu sehr dünnen Fladen ausrollen. Vorsichtig in die heiße Pfanne legen. Naan ca. 1 Minute bei mittlerer Hitze braten, bis es beginnt Blasen zu werfen. Mit dem Pfannenwender leicht anheben. Naan wenden, sobald sich auf der Rückseite kleine hellbraune Stellen bilden.

5 Nach Belieben Schwarzkümmel oder gehackten Knoblauch in das Naan drücken und die Fladen mit Ghee benetzen. Die andere Seite ebenfalls ca. 1 Min. braten, herausnehmen und leicht mit Ghee bestreichen. Naan passt vorzüglich zu Butter Chicken und Chicken Tikka Masala.

POORI

पूड़ी

ZUM VIDEO

Für 12 Stück
Zubereitung: 25 Min.
Pro Stück ca. 80 kcal

FÜR DEN TEIG
120 g Mehl (Type 405)
40 g gesiebtes Vollkornmehl
Salz
1 ½ EL flüssiges Ghee

AUSSERDEM
ca. 700 ml Öl zum Ausbacken

1 Mehl sieben und mit ½ TL Salz mischen. Danach Ghee mit den Händen 2 Min. in das Mehl einarbeiten. 85–100 ml Wasser angießen, die Hände leicht einölen und den Teig ca. 10 Min. verkneten. Der Teig sollte geschmeidig sein, aber gleichzeitig eine feste Konsistenz haben. Teig 10 Min. zugedeckt ruhen lassen.

2 Arbeitsfläche und Hände leicht mit Öl einreiben. Arbeitsfläche nicht mit Mehl bestäuben, da es beim Ausbacken verbrennen würde. Teig in 12 gleich große Stücke teilen (ca. 20 g pro Stück), leicht mit Öl benetzen, zu Kugeln formen und zu dünnen Fladen von 10 cm Ø ausrollen. Alle fertig ausgerollten Fladen mit einem angefeuchteten Tuch bedecken.

3 Das Öl in einem Topf auf 200° erhitzen. Es muss so viel Fett im Topf sein, dass die Poori im Öl schwimmen und sich ganz untertauchen lassen.

4 Jeweils ein Poori in das heiße Öl legen, einige Sekunden warten, bis das Poori aufsteigt und dann mit einem Schaumlöffel nach unten drücken, bis es sich aufbläht. Nach ca. 30 Sek. wenden und fertig ausbacken, bis das Poori leicht Farbe annimmt. Die Frittiertemperatur sollte zwischen 185–200° liegen.

5 Poori mit einem Schaumlöffel herausheben, kurz abtropfen lassen und auf Küchenpapier entfetten. Alle übrigen Poori ebenso frittieren.

VEGETARISCHES BIRYANI

वेज बिरयानी

Basmati-Reis ist hier der Star und wird mit den anderen Zutaten geschichtet. Biryanis werden besonders gerne als opulente Hauptgerichte zu festlichen Anlässen wie dem muslimischen Eid serviert.

Für 4 Portionen
Zubereitung: 1 Std.
Pro Portion ca. 625 kcal

250 g Basmati-Reis
250 g Joghurt (3,5 % Fett)
⅓ TL Safranfäden
2 EL Milch
200 g Möhren
200 g Zucchini
200 g Blumenkohl
2 Stängel frische Minze
4 grüne Kardamomkapseln
Salz
3 Nelken
2 EL Zitronensaft
5 EL Ghee
1 indisches Lorbeerblatt
40 g Ingwer-Knoblauch-Paste
2 TL Garam Masala
150 g passierte Tomaten
1 TL gemahlene Kurkuma
3 EL Mandelstifte
2 TL Kewrablütenwasser (indischer Laden; ersatzweise Rosenblütenwasser)
6 EL Röstzwiebeln
frisch geriebene Muskatnuss

....

Tipp Röstzwiebeln einfach selber machen: 3 Zwiebeln in 4 mm dicke Streifen schneiden und mit 1 TL Zucker in 5 EL Öl ca. 20 Min. unter Rühren braten.

1 Reis waschen und 30 Min. in kaltem Wasser einweichen. Danach in ein Sieb abgießen und abtropfen lassen. Joghurt auf Raumtemperatur bringen.

2 Inzwischen Safran 10 Min. in warmer Milch einweichen. Möhren und Zucchini waschen, putzen und in 1 cm große Würfel schneiden. Den Blumenkohl waschen, putzen und in kleine Röschen teilen. Minze waschen und trocken schütteln, die Blättchen abzupfen. Beiseitestellen. Kardamom leicht aufbrechen.

3 Topf mit 1,2 l Wasser, 1 TL Salz, Kardamomkapseln und Nelken zum Kochen bringen. Abgetropften Basmati-Reis und Zitronensaft dazugeben. Reis 5 Min. kochen lassen. In ein Sieb abgießen und abbrausen. Bei Bedarf die Gewürze entfernen. Reis beiseitestellen.

4 4 EL Ghee in einem Topf erhitzen. Lorbeerblatt darin bei mittlerer Hitze 30 Sek. braten. Im Abstand von 2 Min. zuerst Möhren, dann Blumenkohl und zuletzt Zucchini, Ingwer-Knoblauch-Paste sowie Garam Masala hinzufügen.

5 Joghurt, passierte Tomaten, Kurkuma und Salz hinzufügen. Bei starker Hitze ca. 4 Min. einkochen, bis das Öl an den Seiten hervortritt. Lorbeerblatt entfernen.

6 Die Hälfte des Gemüses aus dem Topf nehmen. Den Rest gleichmäßig verteilen. Die Hälfte des Reises auf das Gemüse schichten und mit der Hälfte der Mandelstifte, Safranmilch, Kewrablütenwasser, Röstzwiebeln sowie 1 TL Ghee, 1 Prise Muskat und ein paar Blättchen Minze bedecken. Die restlichen Zutaten darüberschichten. Deckel auf den Topf geben und den Rand bei Bedarf mit Alufolie abdichten, damit kein Dampf entweicht. Bei kleiner Hitze 20 Min. garen. Mit Joghurt-Raita servieren.

TOMATENREIS

टमाटर वाले चावल

Für 4 Portionen
Zubereitung: 45 Min.
Einweichzeit: 30 Min.
Pro Portion ca. 300 kcal

200 g Basmati-Reis
250 g Tomaten
1 rote Zwiebel
1 Stück Ingwer (ca. 3 cm lang)
1 grüne Chilischote
3 EL Kokosöl
½ TL Kreuzkümmelsamen
½ TL schwarze Senfsamen
20 frische Curryblätter (indischer Laden)
1 EL Erdnüsse
1 TL Tomatenmark
1 EL Kokosraspel
⅓ TL gemahlener Kurkuma
½ TL gemahlener Koriander
½ TL Kashmiri-Chilipulver (indischer Laden)
Salz
1 Stängel Koriandergrün

1 Basmati-Reis waschen, bis das Wasser klar ist. Mit 320 ml Wasser 30 Min. einweichen.

2 Inzwischen die Tomaten kreuzweise einritzen und 1 Min. mit kochendem Wasser überbrühen. Kalt abschrecken, häuten, Stielansätze entfernen und hacken. Die Zwiebel schälen und hacken. Den Ingwer mit einem Löffel abschaben und fein hacken. Die Chili waschen und der Länge nach halbieren. Für weniger Schärfe Trennwände und Kerne entfernen.

3 Das Öl in einem Topf erhitzen. Kreuzkümmel- und Senfsamen dazugeben und braten, bis die Senfsamen zu springen beginnen. Zwiebeln, Curryblätter und Erdnüsse dazugeben. Ca. 4 Min. braten, bis Erdnüsse und Zwiebeln leicht gebräunt sind.

4 Tomatenmark, Kokosraspel und Ingwer hinzufügen und ca. 1 Min. anbraten. Mit gehackten Tomaten ablöschen. Kurkuma, Koriander, Chilipulver und ½ TL Salz dazugeben. Mit 80 ml Wasser auffüllen und ca. 5 Min. kochen, bis die Sauce eindickt und Öl an den Seiten hervortritt.

5 Den Reis samt Einweichwasser und der grünen Chili dazugeben. Einmal umrühren. Deckel auflegen. Sobald der Reis aufkocht, die Hitze reduzieren und den Reis bei mittlerer Hitze ca. 3 Min. köcheln. Die Hitze erneut reduzieren und den Reis bei kleiner Hitze 15 Min. ausquellen lassen. Nicht umrühren. Vor dem Servieren mit Koriandergrün bestreuen. Dazu passen Gemüse- oder Fleischgerichte ohne Sauce wie beispielsweise Fischküchlein oder gefüllte Zucchini.

FRIED RICE

फ्राइड राइस

Kolkatas China Town, in dem früher bis zu 20 000 Menschen lebten, war der Geburtsort der Indo-Chinesischen Küche. Unser Fried-Rice-Rezept ist ein klassischer Vertreter dieser Kochtradition.

Für 4 Portionen
Zubereitung: 25 Min.
Ruhezeit: 1 Std.
Pro Portion ca. 450 kcal

240 g Langkornreis
3 EL Weißweinessig
Salz
2 Möhren
3 Knoblauchzehen
1 Stück Ingwer (ca. 4 cm lang)
2 grüne Chilischoten
150 g Frühlingszwiebeln
1 gelbe Paprika
2 Eier (M)
1 TL schwarzer Pfeffer
6 EL Erdnussöl
1 Sternanis
50 g TK-Erbsen
1 EL dunkle Sojasauce
1 TL Zucker

....

Tipp Dieses Rezept eignet sich hervorragend zur Resteverwertung. Denn Reis vom Vortag hat genau die richtige Textur für Fried Rice.

1 Den Langkornreis waschen, bis das Wasser klar ist. 20 Min. in Wasser einweichen. Anschließend in ein Sieb abgießen und abtropfen lassen.

2 Einen Topf mit 1,2 l Wasser zum Kochen bringen. 2 EL Essig, 1 ½ TL Salz und den Reis dazugeben. Reis in ca. 6 Min. bissfest kochen, in ein Sieb abgießen, mit kaltem Wasser abbrausen und abtropfen lassen. Auf einem großen Teller verteilen und 1 Std. in den Kühlschrank stellen.

3 Inzwischen Möhren waschen und in feine Würfel schneiden. Knoblauch und Ingwer schälen und fein hacken. Chilis waschen. Für weniger Schärfe längs halbieren, Stiele, Trennwände und Kerne entfernen. Grob hacken. Frühlingszwiebeln waschen, putzen, der Länge nach halbieren und in feine Halbringe schneiden. Das Grün der Frühlingszwiebeln beiseitelegen. Paprika waschen, halbieren, weiße Trennwände und Kerne entfernen und in kleine Würfel schneiden.

4 Die Eier aufschlagen und mit 1 Prise Salz und Pfeffer in einer Schüssel verquirlen. 2 EL Öl in einer Pfanne erhitzen und die Eier darin bei mittlerer Hitze zu Rührei braten. Herausnehmen und beiseitestellen.

5 Weitere 4 EL Öl in die Pfanne geben. Sternanis 30 Sek. darin anbraten. Möhren, Knoblauch, Ingwer und weiße Frühlingszwiebeln hinzufügen und unter ständigem Rühren 2 Min. anschwitzen. Paprika 1 Min. mitbraten. Zuletzt folgen Reis, das Grün der Frühlingszwiebeln und Erbsen sowie Sojasauce, der restliche Pfeffer und Zucker. Alles unter Rühren ca. 2 Min. braten. Zum Schluss die Eier unterheben und erneut mit Salz und übrigem Essig abschmecken. Fried Rice passt zu Chili Paneer.

HIRSE-PULAO

बाजरा का पुलाव

Dieses mild-süßliche Hirse-Pulao bringt Abwechslung auf den Tisch und beweist, dass nicht immer Basmati-Reis oder Chapati als Beilage gereicht werden müssen. Lassen Sie sich überraschen!

Für 4 Portionen
Zubereitung: 50 Min.
Einweichzeit: 12 Std.
Pro Portion ca. 455 kcal

250 g Hirse
2 Zwiebeln
5 EL Ghee
2 ½ TL Zucker
Salz
8 grüne Kardamomkapseln
3 EL Milch (30 ml)
⅓ TL Safranfäden
1 Sternanis
40 g gehackte Mandeln
40 g Sultaninen
½ TL gemahlene Kurkuma

....

Info Dieser Pulao ist als Beilage ein toller Kontrast zu scharfen Gerichten. Hirse ist sehr mineralstoffreich, jedoch sollte sie aufgrund der Phytinsäure mehrere Stunden einweichen, am besten über Nacht. Einweichwasser wegschütten.

1 Die Hirse waschen und über Nacht einweichen. Die Zwiebeln schälen, in Halbringe schneiden und mit den Händen auseinanderzupfen.

2 2 EL Ghee in einem Topf erhitzen. Zwiebeln darin bei mittlerer Hitze ca. 3 Min. glasig braten. 1 TL Zucker mit 1 Prise Salz hinzufügen und weitere 25 Min. braten, bis sie karamellisiert sind. Zwiebeln beiseitestellen.

3 Inzwischen Kardamomkapseln leicht einritzen. Hirse in ein Sieb abgießen und abtropfen lassen. Die Milch lauwarm erwärmen, Safranfäden unterrühren.

4 Weitere 2 EL Ghee in den Topf geben. Sternanis und Kardamomkapseln ca. 1 Min. braten, bis sie aromatisch duften. Mandeln und Sultaninen hinzufügen und 1 Min. anschwitzen. Hirse und Kurkuma in den Topf geben und für weitere 2 Min. braten.

5 450 ml heißes Wasser mit der Safran-Milch über die Hirse geben. Mit Salz und dem restlichen Zucker abschmecken. Einmal umrühren. Deckel auflegen und ca. 8 Min. bei mittlerer Hitze köcheln lassen. Herd ausschalten und 10 Min. in der Resthitze quellen lassen. Nicht rühren. Karamellisierte Zwiebeln unterheben. Pulao passt sehr gut zu Lamm Korma und Lamm Kathi Kababs.

SÜSSES

Süßspeisen sind in Indien mehr als nur Desserts. Gerade für Hindus sind sie wichtige Opfergaben und werden durch Pujas, hinduistische Zeremonien, zu Prasad. Sie werden erst den Göttern dargeboten und dann gemeinsam verzehrt, um Segen zu empfangen.

MANGO-LASSI

आम की लस्सी

ZUM VIDEO

Für 4 Portionen
Zubereitung: 5 Min.
Pro Portion ca. 140 kcal

250 g Alfonso Mangos oder Mangopüree
250 g kräftiger Joghurt (3,5 % Fett)
250 ml Mineralwasser
⅓ TL gemahlener Kardamom
2 EL Zucker

1 Mangos schälen und das Fruchtfleisch auf beiden Seiten vom Stein schneiden. Das Fruchtfleisch in grobe Stücke schneiden.

2 Alle Zutaten in einen hohen Rührbecher geben und mit einem Pürierstab pürieren. Als Nachspeise oder als mildes Getränk zu sehr scharfen Gerichten servieren.

Tipp Mango-Lassi ist ein sehr einfaches und schnell zubereitetes Getränk. Man kann es leicht variieren, indem man es mit Rosen-, Orangen- oder Kewrablütenwasser aromatisiert.

MASALA CHAI

मसाला चाय

Für 4 Portionen
Zubereitung: 20 Min.
Pro Portion ca. 145 kcal

- 1 Stück Ingwer (ca. 2 cm lang)
- 1 Stück Sternanis
- 1 indisches Lorbeerblatt (nach Belieben)
- 5 grüne Kardamomkapseln
- 5 Nelken
- 1 Stange Cassia-Zimt (ca. 4 cm lang)
- 3 EL Assam-Tee
- 300 ml Milch (3,5 % Fett)
- 4 EL Zucker

1 Den Ingwer mit einem Löffel abschaben und in Scheiben schneiden.

2 Die Gewürze im Mörser grob zerstoßen. Einen Topf ohne Öl erhitzen und die Gewürze darin bei mittlerer Hitze 1–2 Min. rösten.

3 Ingwer und 400 ml Wasser zu den Gewürzen in den Topf geben und ca. 10 Minuten köcheln, damit die Gewürze und der Ingwer ihren Geschmack abgeben.

4 Das aromatisierte Wasser vom Herd nehmen, Assam-Tee hinzufügen und 5 Min. ziehen lassen. Flüssigkeit durch ein Sieb in einen anderen Topf gießen, um die Gewürze und die Teeblätter herauszufiltern.

5 Milch und Zucker in den Tee rühren. 2- bis 3-mal aufkochen lassen, bis der Tee cremig wird. Passt hervorragend zu Samosa oder Pakora.

Info Indischer Tee wird sehr süß getrunken. Zuckermenge bitte nach Belieben anpassen.

ROSENLIMONADE

गुलाब का शरबत

Für 4 Portionen
Zubereitung: 20 Min.
Abkühlzeit: 1 Std.
Pro Portion ca. 100 kcal

8 grüne Kardamomkapseln
100 g Zucker
2 EL Limettensaft
6 TL getrocknete Bio-Rosenblüten
5 TL Rosenwasser
Eiswürfel

1 Die Kardamomkapseln an den Enden mit einem kleinen Messer einritzen. Zucker, 100 ml Wasser und Limettensaft in einem Topf zum Kochen bringen. Kardamomkapseln und getrocknete Rosenblüten hinzufügen und 10 Min. köcheln lassen.

2 Den Rosensirup durch ein Sieb gießen. Das Rosenwasser untermischen und den Sirup 1 Std. abkühlen lassen. Sirup gleichmäßig auf vier Gläser verteilen. Mit Eiswürfeln und kaltem Wasser auffüllen.

Info Eine Rosenlimonade ist genau das Richtige an heißen Sommertagen, weil Rosen einen kühlenden Effekt haben. Der Sirup wird übrigens auch gerne mit kalter Milch angerührt.

MILCHREIS MIT FADENNUDELN

सेमिया पायसम

Für 4 Portionen
Zubereitung: 15 Min.
Pro Portion ca. 445 kcal

80 g Roasted Vermicelli (indischer Laden, ersatzweise Fadennudeln)
2 EL Cashewkerne
5 EL Ghee
1 kleines indisches Lorbeerblatt (siehe Info)
300 ml Milch (3,5 % Fett)
175 ml Kondensmilch (10 %)
2 EL Rosinen
2 ½ EL Rohrohrzucker
⅓ TL gemahlener Kardamom
frisch geriebene Muskatnuss

1 Die Nudeln auseinanderzupfen, sodass sie ca. 3–4 cm lang sind. Die Cashewkerne in Hälften teilen.

2 Das Ghee in einem Topf erhitzen und das Lorbeerblatt darin mit den Cashewkernen ca. 40 Sek. anrösten. Danach die Fadennudeln hinzufügen und 3 Min. braten, bis Nudeln und Cashewkerne goldbraun sind. Vorgeröstete Vermicelli nur 1 Min. im Öl braten.

3 Die Milch samt Kondensmilch und Rosinen dazugeben und kurz aufkochen. Dann 5–6 Min. bei offenem Deckel weiterköcheln lassen. Herd ausschalten. Zucker und Kardamom unterrühren und mit 1 Prise Muskat abschmecken. Zugedeckt 5 Min. ziehen lassen.

4 Das Dessert auf 4 Schälchen verteilen. Es schmeckt warm und kalt. Nach dem Erkalten dickt die Masse ein. Dann erneut etwas Milch dazugeben.

Info Das indische Lorbeerblatt »Tej Patta« hat ein dezentes Zimtaroma und kann daher auch in Süßspeisen verwendet werden. Die europäische Variante eignet sich dafür nicht.

GULAB JAMUN – HEIMATGEFÜHL IN BALLFORM

Kein Fest ohne farbenfrohen Blumenschmuck (links) und »Mithai«, die für Indien typischen Süßigkeiten – beides wird den Göttern gerne als Gabe dargeboten (rechts).

Gulab Jamun gehören zu den beliebtesten Desi-Süßigkeiten. Die braunen, in Rosensirup getränkten Milchbällchen, die in heißem Öl ausgebacken werden, sind nicht nur in Indien sondern auch in Pakistan und Bangladesh heimisch. Der Begriff Desi leitet sich vom Sanskritwort Desh ab und heißt so viel wie »Nation« oder »Mutterland«. Er umschreibt alle möglichen Dinge von traditionellem Essen über Volkstänze bis zu ganzen Ethnien, die für Migranten vom indischen Subkontinent von Pakistan bis Bangladesh, Nepal und Sri Lanka, identitätsstiftend sind.

Aber zurück zu Gulab Jamun. Gulab heißt Rose, nach dem ebenso verführerischen wie einzigartigen Aroma des Rosen-Kardamom-Sirups. Diese Kombination ist typisch für indische Süßspeisen, die immer auch eine würzige Note von Kardamom, Zimt, Safran oder Lorbeerblatt enthalten. Gewürze wie Vanille oder Schokolade findet man erst bei modernen Interpretationen.

Jamun ist eine dunkle Pflaume, die im Sommer Saison hat und genauso saftig, rund und braun ist wie die süchtig machenden Sirupbällchen, für die sie Pate steht. Alle Desis essen Gulab Jamun gern zu Festen wie Diwali und Holi bei den Hindus und Eid bei den Muslimen.

GULAB JAMUN

गुलाब जामुन

ZUM VIDEO

Die Grundzutat »Khoya«, eine Milchtrockenmasse, erhält man traditionell durch langes Einkochen von Vollmilch. Mit Ricotta lässt sich ebenfalls eine gute Basis herstellen. Den Sirup haben wir übrigens nicht ganz so süß gemacht wie im Original.

Für 4 Portionen
Zubereitung: 1 Std.
Ziehzeit: 2 Std.
Pro Portion ca. 545 kcal

FÜR DEN TEIG

1 EL Ghee
250 g Ricotta
2 EL Hartweizengrieß (25 g)
2 EL Mehl (25 g)
½ TL Backpulver
3 EL Milch

FÜR DEN SIRUP

300 g Zucker
1 EL Zitronensaft
6 Kardamomkapseln
1 EL Rosenwasser

AUSSERDEM

700 ml Öl zum Frittieren (Achtung: kein Frittierfett)

....

Tipp Für das Rezept braucht man 100 g Khoya, das sich noch schneller mit 60 g Vollmilchpulver und 75 g Sahne herstellen lässt. Dafür Sahne mit Vollmilchpulver verrühren und ca. 4 Min. in die Mikrowelle geben. Jeweils nach 1 Min. herausholen und umrühren. Die 200 g Ricotta werden dann nicht mehr benötigt, lediglich die 50 g zum Kneten des Teigs.

1 Eine beschichtete Pfanne mit 1 EL Ghee erhitzen. 50 g Ricotta beiseitestellen. Die restlichen 200 g in die Pfanne geben. Zuerst 5 Min. bei mittlerer Hitze köcheln. Dann unter ständigem Rühren bei kleiner Hitze ca. 20 Min. vorsichtig einkochen, bis eine trockene Masse entsteht. Das ist Khoya. Die Masse erkalten lassen.

2 Khoya mit allen Teigzutaten und dem restlichen Ricotta vermengen und zu einem geschmeidigen, gut formbaren Teig kneten. Den Teig 20 Min. ruhen lassen.

3 Inzwischen den Sirup herstellen. Zucker und Zitronensaft mit 450 ml Wasser verrühren und aufkochen lassen. Kardamomkapseln leicht aufbrechen und dazugeben. 10 Min. offen einkochen. Danach mit Rosenwasser aromatisieren und beiseitestellen.

4 700 ml Öl in einem zweiten Topf auf 160° erhitzen. Inzwischen den Teig in 12 gleich große Stücke teilen. Handinnenflächen dünn mit Milch einreiben. Die Teigstücke zwischen den Händen zu glatten Kugeln formen. Sollten noch Risse zu sehen sein, den Zeigefinger in Milch tunken und damit die Oberflächen versiegeln.

5 Die Teigkugeln ca. 7–8 Min. bei 148–152° frittieren, bis sie gleichmäßig dunkelbraun sind. Dabei mit dem Schaumlöffel die Bällchen sanft bewegen.

6 Danach herausnehmen und kurz auf Küchenpapier entfetten. Bällchen in den warmen Sirup legen und bei Zimmertemperatur mindestens 2 Std. durchziehen lassen.

SAFRANJOGHURT

श्रीखंड

Für 4 Portionen
Zubereitung: 15 Min.
Ruhezeit: 1 Std. 30 Min.
Pro Portion ca. 245 kcal

600 g Sahnejoghurt (10 % Fett)
1 EL Milch
⅓ TL Safranfäden
½ TL gemahlener Kardamom
4 EL Puderzucker
2 EL gehackte Pistazien zum Garnieren

AUSSERDEM
dünnes Baumwolltuch

1 Ein feines Sieb mit einem dünnen Baumwolltuch auslegen und den Joghurt darin 30 Min. abtropfen lassen.

2 Inzwischen die Milch erwärmen und die Safranfäden darin 10 Min. einweichen.

3 Den abgetropften Joghurt mit Safranmilch und Kardamom vermengen und mit Puderzucker süßen. Joghurt mind. 1 Std. im Kühlschrank durchziehen lassen. Je länger er zieht, desto kräftiger wird die Farbe.

4 Joghurt auf 4 Schälchen verteilen und mit gehackten Pistazien garnieren.

....

Info Dieser Nachtisch ist in Indien als Shreekand bekannt. Man isst ihn an heißen Sommertagen als kühlende Mahlzeit mit Pooris und Chapati. In den Bundesstaaten Maharashtra und Gujarat findet man Shreekand auf einem traditionellen Thali und er darf bei keinem Hochzeitsbuffet fehlen.

MANGO-KULFI-EIS

आम की क़ुल्फ़ी

Für 4 Portionen
Zubereitung: 20 Min.
Tiefkühlzeit: 5 Std.
Pro Portion ca. 310 kcal

250 ml Milch (3,5 % Fett)
150 ml Kondensmilch (10 % Fett)
2 TL Speisestärke
4 grüne Kardamomkapseln
⅓ TL Safranfäden
75 g Zucker
330 g Mangopüree (Dose)
2 EL gehackte Pistazien
4 Silikon-Eisförmchen

1 Die Milch und die Kondensmilch vermischen. 6 EL davon mit Speisestärke verrühren und beiseitestellen. Die Kardamomkapseln leicht einritzen.

2 Die Milch mit Kardamom zum Kochen bringen. Dabei immer wieder mit dem Kochspatel umrühren.

3 Sobald die Milch kocht, die Hitze reduzieren und 10 Min. bei mittlerer Hitze köcheln lassen. Immer wieder mit dem Kochspatel über den Topfboden fahren, damit die Milch nicht anbrennt.

4 Den Topf vom Herd nehmen. Die Milch durch ein Sieb gießen und zurück in den Topf geben. Den Safran mit Zucker und Mangopüree unter die Milch rühren. Die angerührte Speisestärke schrittweise und unter ständigem Rühren hinzufügen.

5 Die Milchmasse wieder zum Kochen bringen und 1 Min. unter ständigem Rühren köcheln lassen. Die Masse auf Silikon-Eisförmchen verteilen. Auf Zimmertemperatur abkühlen lassen und dann 5 Std. in das Tiefkühlfach stellen. Vor dem Servieren kurz antauen lassen und mit gehackten Pistazien bestreuen.

KICHERERBSEN-KOKOS-KONFEKT

बेसन नारियल बर्फी

Für 4 Portionen
Zubereitung: 30 Min.
Pro Portion ca. 400 kcal

70 g Ghee
130 g Kichererbsenmehl
20 g feine Kokosraspel (trocken)
1 EL Milch
⅓ TL gemahlener Kardamom

FÜR DEN SIRUP
80 g Zucker

ZUM GARNIEREN
½ EL gehackte Pistazien
essbares Blattsilber
(nach Belieben)

1 Ghee in einer Pfanne erhitzen. Inzwischen Kichererbsenmehl sieben. Butterbrotpapier auf eine mit Ghee bestrichene Unterlage legen und glatt streichen. Die Oberfläche des Papiers ebenfalls mit Ghee bestreichen.

2 Das Kichererbsenmehl zum Ghee in die Pfanne geben. 25 Min. vorsichtig rösten, dabei mit einem Kochspatel umrühren. Das Kichererbsenmehl bildet anfangs Klumpen, die jedoch allmählich verschwinden.

3 Nach 25 Min. hat sich das Kichererbsenmehl dunkler gefärbt und riecht nussig. Kokosraspel, Kardamom und Milch dazugeben und 1 Min. kräftig verrühren, bis eine glatte Masse entsteht. Vom Herd nehmen.

4 Zucker und 40 ml Wasser in einem zweiten Topf aufkochen. Die Hitze reduzieren und die Masse 5 Min. bei mittlerer Hitze köcheln lassen. Mit einem sauberen Teelöffel eine kleine Menge Sirup entnehmen und einige Sekunden erkalten lassen. Wenn sich zwischen Daumen und Zeigefinger ein dünner Faden von ca. 1 cm Länge ziehen lässt, stimmt die Konsistenz. Andernfalls noch 1–2 Min. weiterköcheln und die Probe wiederholen.

5 Den fertigen Sirup zur Kichererbsenmasse geben und kräftig verrühren. Danach zügig auf das Butterbrotpapier stürzen und mit dem Kochspatel oder einem Messer zu einem Block von ca. 8 mm Höhe formen. Die Seiten ebenfalls glatt streichen. Die gehackten Pistazien leicht in die Masse drücken und die Oberfläche nach Belieben mit Blattsilber verzieren. 30 Min. bei Raumtemperatur abkühlen lassen, bis das Konfekt schnittfest ist. In Form schneiden und vollständig erkalten lassen.

MINI-PANCAKES IN HIMBEERSIRUP

मालपुया इन रास्पबेरी सिरप

Wirklich jeder, der diese kleinen Pancakes bisher probiert hat, war begeistert. Traditionell werden sie in Zuckersirup getränkt. Wir haben ihnen einen modernen fruchtigen Touch verpasst.

Für 4 Portionen
Zubereitung: 30 Min.
Pro Portion ca. 365 kcal

FÜR DEN TEIG

1 ½ TL Fenchelsamen
1 EL Hartweizengrieß
5 EL Weizenmehl
⅓ TL Backpulver
70 ml Milch

FÜR DEN SIRUP

200 g Zucker
100 g TK-Himbeeren

ZUM GARNIEREN:

3 EL gehackte Pistazien

AUSSERDEM

Ghee oder Öl zum Frittieren

1 Für den Sirup Zucker und 100 ml Wasser in einen Topf geben und bei mittlerer Hitze unter Rühren auflösen. Himbeeren hinzufügen und ca. 5 Min. köcheln, bis die gewünschte Konsistenz erreicht ist. Sirup abkühlen lassen, kurz pürieren und in eine Servierschale geben.

2 Fenchel in einem Mörser grob zerstoßen und zusammen mit dem Grieß, Weizenmehl, Backpulver, 90 ml Wasser und Milch zu einem Teig verrühren.

3 In eine Pfanne so viel Öl gießen, dass die Pancakes zur Hälfte darin eintauchen können. Das Öl auf 175° erhitzen. Jeweils 1 EL Teig pro Pancake nehmen und den Teig senkrecht von oben in das Öl gleiten lassen, sodass sich kleine runde Pancakes bilden. Die Pfannküchlein auf jeder Seite 1 ½ Min. goldgelb ausbacken.

4 Die fertigen Pancakes kurz auf Küchenpapier entfetten. Anschließend 10 Min. im Himbeersirup einlegen. Mit den gehackten Pistazien servieren.

REGISTER

I/J

K

L

M/N